小嶋光信

日本一のローカル線をつくる

たま駅長に学ぶ公共交通再生

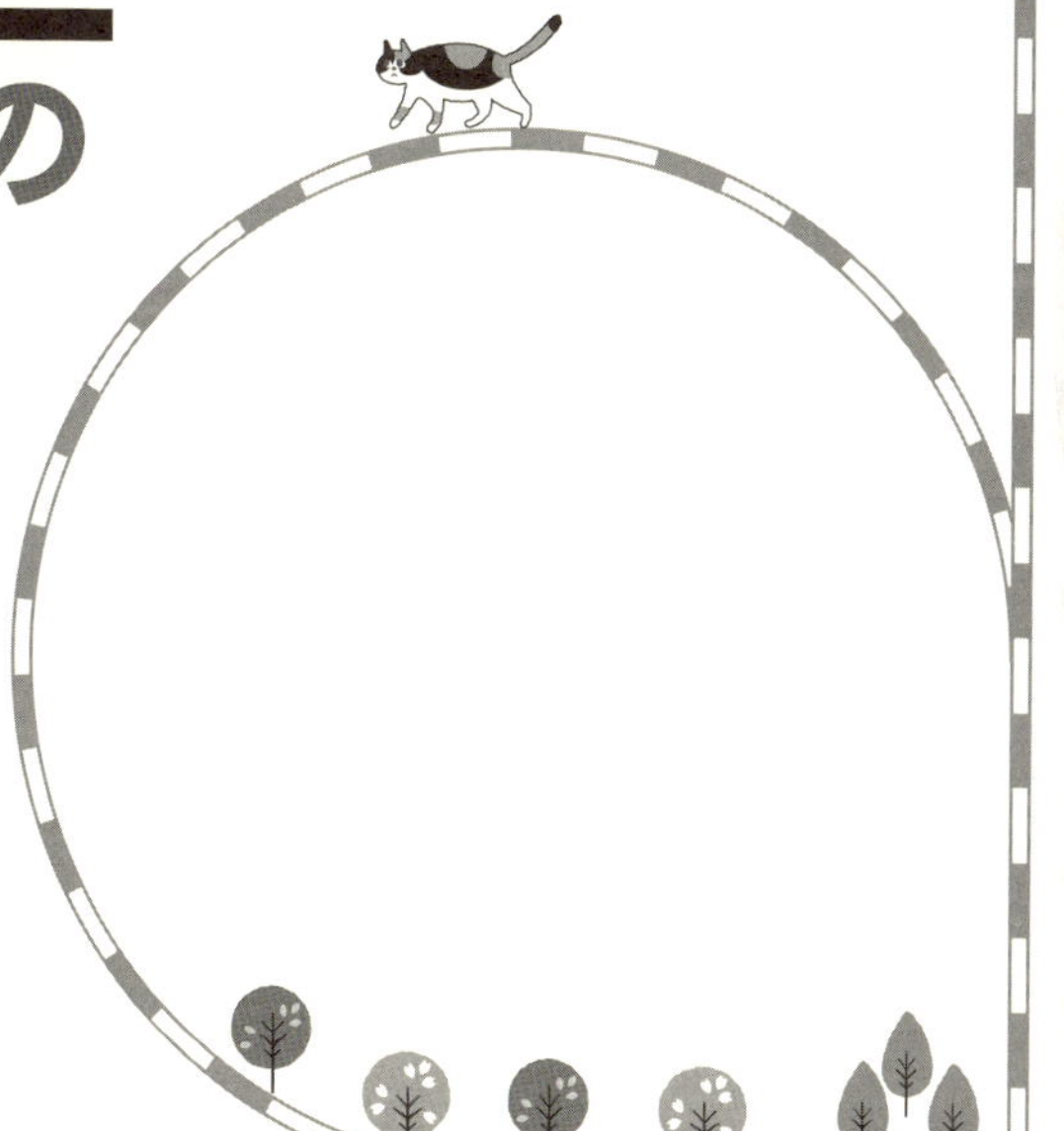

学芸出版社

まえがき

三毛猫のたま駅長の華々しい活躍で、日本のみならず、世界的に有名となった和歌山電鐵ですが、その再生の背景には、沿線住民の皆さんの献身的なご協力と行政の皆さんの熱いサポートに加え、幹部や社員の皆さんのひたむきな努力があったのです。それらの総合力で、奇跡的ともいわれる再生が和歌山電鐵貴志川線で展開されています。

和歌山電鐵の再生では、「小嶋さん、ちっとも自分の利益にならず、リスクばかりの地方鉄道の再生を何のために努力しているの？」とよく聞かれます。もちろん、私も専務も無報酬。業績が向上すれば補助金が減るだけで、会社の経常利益はゼロ以下ですし、経営リスクばかりで何も儲けにつながらない「補助金」のスキームの下では、そんな疑問が当たり前かもしれません。

和歌山電鐵の開業日に、お年を召したご婦人お二人が私の姿を見つけて、「あなたが和歌山電鐵の社長さんですか？　電車を残してくれてありがとうございます」と手を合わされて、返す言葉で「でも逃げないでね！」と茶目っ気たっぷりに笑われたのです。開業当初は、地元の皆さんも本当に再建できると思われていなかったのでしょう。

それまでは、死屍累々《ししるいるい》の地方鉄道の再生は無理かもしれないという諦めが監督官庁や業界を支配していたなか、一縷《いちる》の望みをかけた両備グループの再生ノウハウと地域力で、思わぬ道が開けてきたのです。

そして、マスコミから「燃える高速バス」とキャッチフレーズをつけられ、荒れに荒れた中国バスの再生では、「労使関係が悪すぎて、きっと火傷を負いますよ」と、内情を知っている方々が止めてくれました。なぜそんな火中の栗のような凄い会社の再建を引き受けたのか、ぜひ真相を読んでいただきたいと思います。

実は、行きすぎた規制緩和で崩れ去り始めた地域公共交通を、ミクロ的な延命政策では、もう救うことができなくなっているのです。日本の公共交通に対する法律まで変え、財源を確保しなければ助からないというマクロの事実を読みとっていただきたいのです。

両備グループとして私が携わってきた交通運輸事業の再生は、旅客船事業二社、新設一社、鉄道事業一社、バス事業一社、物流事業五社、タクシー事業五社と多岐にわたり、規制緩和後の交通運輸事業の衰亡の現実に立ち向かい、再生してきた現場から、多くの規制緩和の功罪を体験してきました。

現場に立脚した政策やコンサルティング・学術論が少ない業界で、今回は規制緩和後の公共交通の経営環境の変化と課題を、再生の実例をもって論じていきたいと思います。

本書は、その地域公共交通の再生をドキュメンタリーでお伝えしたいと思います。それが、元気なまちづくりのために、地域の誇りとそれを支える地域公共交通を救う一助となれば幸いです。

目次

第8章

補助金の誘惑が経営不在・顧客不在を招く

第1章

なぜ地域公共交通は衰退したのか

赤字が当たり前のビジネスモデル

一九九九年、私は旧両備バス（現・両備ホールディングス）と岡山電気軌道を含む両備グループの代表になって、その際、改めて公共交通事業の分析をしてびっくりしました。二〇〇二年に路線バスの規制緩和を控え、このままの公共交通政策が続けられれば、数十年にも及ぶ毎年二〜三％の乗客減少の業界環境のなか、補助金をもらわずに頑張ってきた両備グループの電車や路線バス事業でさえ、今後、約一〇年で大赤字事業となり、持ちこたえられなくなると予見されたからです。もちろん、補助金をいただいていた全国の赤字企業は、規制緩和の時、すでに年商を超える大きな繰り越し欠損を持っていたケースが多く、倒産・整理の嵐となり、地方鉄道やバス事業は将来性を失って存続の危機になるだろうと予測していました。

この予測は当たり、三位一体政策が地方財政をさらに悪化させたことが加わり、全国の多くの地方鉄道やバス事業者が経営不振に陥り、バス路線の大幅減少を招いたことはご承知の通りです(図1、表1~3)。

なぜ、日本の公共交通がかくも病んでしまったのか、このような情勢の中でなぜ規制緩和を断行し、地域公共交通の衰亡を早めたのかが理解できず、先進諸国の公共交通の研究をしました。先進諸国ではいかにして公共交通の維持、存続をはかっているのか調べていくと、先進諸国の中で、公共交通を民間に任せきっている国は日本だけだとわかりました。

特にヨーロッパでは、道路をつくり、マイカーを増やす政策を採れば、顧客の半分以上がマイカーに移転し、公共交通は経営できなくなるだろうという構造的な問題点を知っていました。アメリカでは自動車メーカーが自動車普及のために鉄道会社を買収し、潰している事実を冷静に見ていたのです。

地域公共交通がビジネスモデルとして成り立たないということは、簡単に立証できます。

仮に地域公共交通のビジネスモデルを、

売上:一〇〇

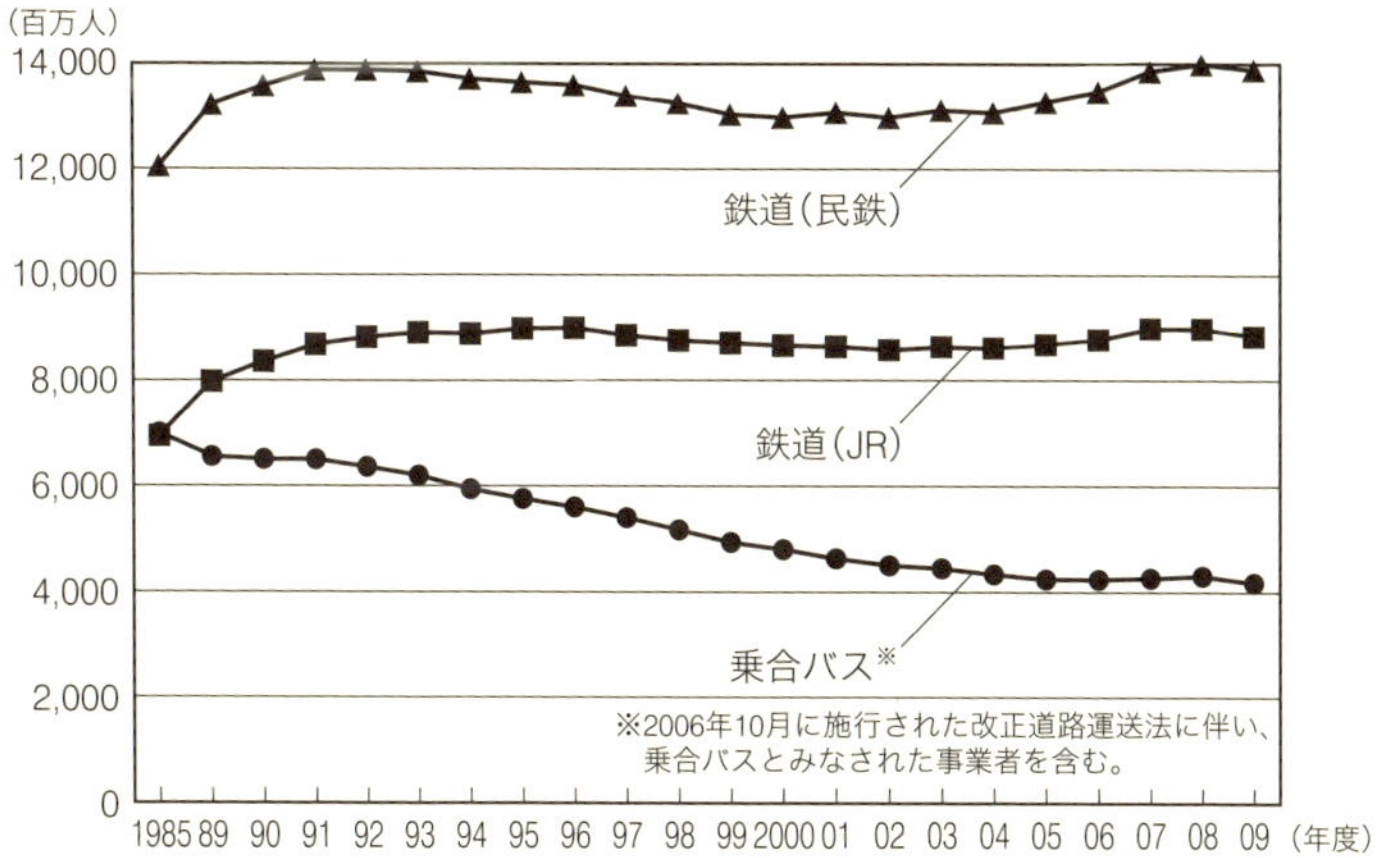

図１　輸送機関別輸送人員の推移(出典:国土交通省、自動車輸送統計年報、鉄道輸送統計年報)

表１　全国のバス事業の法的整理・再生等の事例（2000 ～ 2010 年）

民事再生法	
コトデンバス	富士交通
東陽バス	琉球バス
那覇交通	茨城交通
北都交通	岩手県北自動車

会社更生法	
京都交通	福島交通
水間鉄道	

その他
大分バス（私的整理）
常磐交通自動車（特別清算）
中国バス（私的整理）
全但バス（経営支援要請）
熊本電気鉄道（増減資実施）
西肥自動車（私的整理）
琴平参宮電鉄（私的整理）
ばんけい観光バス（私的整理）
東急グループ 宗谷バス 他５社(吸収分割)
小豆島バス（撤退後住民有志が設立）

産業活力再生特別措置法関係
産業再生機構支援
九州産交グループ 九州産業交通 他５社
関東自動車
宮崎交通
会津乗合自動車
産業再生法
立山黒部貫光
国際興業
日立電鉄バス
アルピコグループ 松本電鉄他３社
北海道旅客鉄道(JR 北海道バス)(分社)
箱根登山鉄道（会社分割）
いわさきコーポレーション（合併商号変更）

（出典：国土交通省・日本バス協会調べ）

表２　全国の鉄道廃止事業者

鉄道廃止事業者		
北海道ちほく高原鉄道	雄別鉄道	釧路開発埠頭
寿都鉄道	くりはら田園鉄道	江名鉄道
磐梯急行電鉄	日立電鉄	ドリーム開発
桃花台新交通	神岡鉄道	伊那電気鉄道
京都高速鉄道	三木鉄道	北丹鉄道
野上電気鉄道	屋島登山鉄道	玉野市電気鉄道
山鹿温泉鉄道	鹿本鉄道	九州肥筑鉄道
高千穂鉄道	糸満馬車鉄道	姫路市交通局

鉄道廃止・譲渡後バス事業者として存続／（　）内は現事業者名		
旭川電気軌道	夕張鉄道	定山渓鉄道（じょうてつ）
南部鉄道（南部バス）	秋田中央交通	羽後交通
秋田市交通局	花巻電鉄（岩手県交通）	仙台鉄道（宮城交通）
仙北鉄道（宮城交通）	秋保電気鉄道（宮城交通）	庄内交通
山形交通（山交バス）	東野鉄道（東野交通）	茨城交通
九十九里鉄道	山梨交通	草軽電気鉄道（草軽交通）
蒲原鉄道	新潟交通	越後交通
頸城交通（頸城自動車）	加越能鉄道	尾小屋鉄道（小松バス）
北恵那鉄道（北恵那交通）	東濃鉄道	三重交通
江若鉄道（江若交通）	淡路交通	有田鉄道
米子電車軌道 （日の丸自動車）	西大寺鐵道（両備）	中国鉄道（中鉄バス）
下津井電鉄（下電）	井笠鉄道	鞆鉄道
尾道鉄道（中国バス）	防石鉄道（防長交通）	長門鉄道（サンデン交通）
山陽電気軌道 （サンデン交通）	琴平参宮電鉄	熊延鉄道（熊本バス）
大分交通	宮崎交通	鹿児島交通

（出典：国土交通省「地域鉄道事業者一覧」「地域鉄道の現状」「近年廃止された鉄道路線」など）

表3　全国の鉄道再生の事例（2000 ～ 2010 年）

会社更生法
福島交通（みちのりホールディングス支援） 水間鉄道（グルメ杵屋支援）
経営悪化で新会社へ譲渡
十和田観光電鉄（新旧分離方式で譲渡）
JR 線から第三セクターで経営分離
青い森鉄道 IGR いわて銀河鉄道 富山ライトレール 肥薩おれんじ鉄道
民営事業者から第三セクターで運営
ひたちなか海浜鉄道（茨城交通から） 万葉線（加越能鉄道から） えちぜん鉄道（京福電気鉄道から）
第三セクターから民営事業者が運営
ゆりかもめ（東京臨海ホールディングス傘下に）
私的整理で再生
アルピコ交通（松本電気鉄道を吸収合併）
JR から経営移管
しなの鉄道
民営事業者から子会社化
養老鉄道（近畿日本鉄道から）
民営事業者から新会社が運営
三岐鉄道（近畿日本鉄道から） 伊賀鉄道（近畿日本鉄道から） 和歌山電鐵（南海電気鉄道から）
上下分離方式
一畑電車
民事再生法
高松琴平電気鉄道（香川日産と加ト吉支援）

（出典：国土交通省「地域鉄道事業者一覧」「地域鉄道の現状」「近年廃止された鉄道路線」など）

経費：九〇
利益：一〇

だったとしましょう。

それがマイカー時代になって、お客様が約五〇％減ってしまったとすると、公共交通の多くは装置産業ですから、売り上げが減っても経費はあまり減りません。つまり、お客様が減っても、電車やバスの乗車効率が悪くなるだけで、ほとんど経費が減らないのです。

ですから、マイカー時代の地域公共交通のビジネスモデルは、

売上：五〇
経費：九〇
赤字：四〇

のように、赤字が当たり前の事業モデルとなってしまったのです。

日本でもこの構造的経営環境の変化が慢性的だとわかっていたのですが、過去の収益で土地や建物、車両を保有して、償却を落としていたこと、補助金行政でカンフル注射があったこと、規制緩和で大幅に人件費コストが下がったことや、効率の悪い路線の縮小や廃止、廃線などでなんとか逃げきろうとしたのです。しかし、人口減少と財政不安がもろに地方を襲い、金融環境の変化で資金繰りがつかず、地域公共交通の衰亡へとつながりました。

地域公共交通事業が衰退した理由

地域公共交通事業が衰退した理由は、一般的には、以下の通りです。

①マイカー時代の到来で、利用者の四〇〜六〇%の顧客を喪失したことが大きく、特に地方に行くほどマイカーの依存率が高いこと

②地方都市のスプロール化により、交通渋滞が慢性化し、路線バスが定時性を喪失し、それが悪循環になり、一層マイカーを増加させたこと

③少子高齢化の進展で、地方ほど利用客の減少が大きいことが、慢性的利用客の喪失につながったこと

④補助金行政の副作用により、経営不在を助長したこと

コストを削減すれば補助金が減るという誤った経営感覚が生まれ、旧来の補助金行政では経営改善努力が進まなかったのです。もちろん、現在はこの補助金制度は改善されていますが、抜本的な改革からはほど遠いと思われます。

⑤補助金行政の副作用により、先鋭化した、顧客不在の労働運動を助長したこと

ストや劣悪な運転とサービスをして顧客が減少し、業績が悪化すれば、補助金はかえって増え、

業績が悪化したら運賃値上げをし、値上げで顧客が減少して業績が悪化すれば、また補助金が拡大するという誤った経営判断と労働運動を生み、負のサイクルに陥りました。

⑥規制緩和が衰退に拍車をかけたこと

衰退産業の規制緩和は、過当競争を生み出し、参入の緩和から供給過剰を引き起こし、あらぬ競争が不当廉売を生み出し、経営を維持するためにコスト引き下げの必要から賃金が低下し、結果、労働の質が低下することで事故を増やし、安全・安心の喪失につながっていったという事実を知らなくてはなりません。すでに他の産業より低い賃金となって、人材が集まらないということも業界の衰亡を招いていると思います。地域の公共交通は、一様に人材不足で、場合によっては路線の維持すら難しくなっています。

⑦公共事業への誤った費用対効果の概念が導入されたこと

公共事業は、儲かっても儲からなくても国民に対して確保しなくてはならない事業ですが、その公共事業に費用対効果の概念が持ち込まれ、儲からない路線やバス事業はやめればよいという理論で、路線廃止、事業縮小もしくは廃止が地方で加速し、ついに地方では老人や子供の移動手段がない地域が現出してしまいました。

もちろん、公共事業の非効率の是正はしなくてはなりませんが、費用対効果の概念では、すべての公共事業が地方では廃止・縮小しなくてはならなくなるでしょう。まず公共とは何かをしっかり理解してから、費用対効果を論ずるべきで、日本はしっかりした公共の理念を再構築する必要があるでしょう。

交通権は全国民の権利

マイカー時代は、免許を取得できない子供や、免許があっても運転できない高齢者、経済的に運転できない人たちといった交通弱者を生みだし、マイカー政策だけでは交通の自由な往来ができなくなるということを賢明なヨーロッパ先進諸国は知っていました。

そこから、フランスなどを中心に、等しく国民に交通を保障する権利、すなわち「交通権」や「移動権」という概念が生み出されたのです。

交通権を移動権と呼んでいることが多いのですが、移動権というと、個人の移動の権利を保障するということになりがちで、日本では、国や行政が訴訟云々の心配をされる方が多いのです。しかし、私はあえて交通権とし、これは個人の移動だけではなく、国民に社会的制度として保障される基本的権利ということで、教育を受けたい者が有償で教育を受けられる権利と同じようなものだと解釈しています。したがって、移動したい者は自ら歩くことも含めて、タクシーにしろ、バスや鉄道にしろ、地域に応じた交通手段が社会的に整えられていることが重要で、個人が移動できなかったからといって国に補償云々を問うことではないと思います。

補助金から「公設民営」へ

欧米では一般的にその交通権を確保する手段として、「公設民営」（もしくは「公有民営」）という方法が採られていることが多く、上下分離により、行政と民間の役割分担が行われています。すなわち、前述のビジネスモデルで成り立たなくなった地域公共交通の経営において、成り立たない固定費を公が分担し、運行経費を民間中心に分担するというビジネスモデルへ転換することが大事なのです。

補助金は、企業の運営に補助をするスキームで、おまけに赤字補填だけですから、永久に利益の出ない会社になってしまい、基本的に延命だけの結果に終わるのです。発展をまったく考えられない会社の運営は、経営ではありません。

再建の手法として、「公設公営」から経営効率の良い民営にして、「公設民営」になったケースが欧米先進諸国には多いのですが、ビジネスモデルとしては成り立たない事業を、補助金で支えている日本の地域公共交通を再建するには、「民設民営」から「公設民営」へと転換する方法が一つの合理的な選択肢だといえるでしょう。

抜本的にビジネスモデルを変えなければ、一度再建した地方鉄道・バス事業も再度、倒産の危機に陥るという事実をしっかり受け止めてほしいのです。

教訓

先進国で公共交通を民間に任せきっているのは日本だけ。

第2章 公共交通を再生させるという決意

岡山の公共交通離れ

前章で述べた通り、私が両備グループの代表になった際に行った公共交通事業の分析で、今後一〇年しか公共交通はもたないかもしれないという結果が出ました。両備グループでも事業を縮小するか否かを真剣に考えた末、維持・発展させる決意をしました。この約一〇〇年、両備グループ発展の礎は公共交通を中心とする地域社会のお客様に培っていただいたもので、創立一〇〇周年（二〇一〇年七月）に向けて、これからは地域に公共交通を残すことでご恩返しをしようと決意し、早速、公共交通再生に向けての努力を開始しました。

規制緩和以前の例を挙げますと、一九八九年から一〇年間の乗用車保有台数の増加率は、全国平均五八％に対し、岡山ではその一・二四倍の七二％増となっています。一世帯あたりの乗用車保有台数は一・七台です。自転車も多く、一台あたり一・八人となります。これも広島の二・一人と比較すると一七％多いことになります。

次いで公共交通機関を通勤通学に使う割合は、広島がだいたい全国平均の一〇％であるのに対し、岡山は六％以下。また岡山は一年間に約二〇回バスを利用するのに対し、広島はなんと四九回。広島の四割しかバスに乗ってくれていない計算になります。さらには増え続けるマイカーと自転車により輸送人員も減り、一九九五年までの一〇年間で乗合バスの輸送人員は、両備バスで三一％、岡電バスで二九％減っています。

これらの数字を見ても、当時の岡山の公共交通離れは非常に厳しいものがあることがわかります。

規制緩和当時、この状況を直視し、道路の容量の問題、国の事情、都市の環境などを踏まえて、どう便利さを追求していくか、難問が山積でした。最も大切なのは、定時性確保と便利さ、安さをどこまで追求できるかということです。

そして、かつて同じ両備グループ内であってもライバル関係にあった両備バスと岡山電気軌道が、その頃から初めて共に路線戦略会議を毎月開催することにして、利用者にとって利用しやすい公共交通にするためにいろいろと考え始めました。

バスが直面していた問題

バスも電車もマイカーに押され、利用者が減り、規制緩和以前の段階で、両備グループのバス部門は一九六七、六八年頃をピークに三分の一まで落ち込んでいました。果たして、我々に何が抜けているのか。バスにしてもハード面（車両）は良くなり、ソフト面（乗務員の接客）も向上しているのに、一体何が悪いのかを真剣に考えました。

やはり公共交通の一番大きな問題は定時性です。街にマイカーがあふれることによって定時に運行することが困難になった上、マイカーの増加は、排ガス・燃料・道路・駐車場など、数多くの問題を引き起こしています。

さらに最も重要なのは、市内中心部が空洞化し、人の往来が少なくなっていることです。ですから街に賑わいを創出し、利用者を中心部に集める努力、すなわち「まちづくり」が必要になります。

バスの居住性は、乗用車に比べて悪く、その開発もメーカー側の対応が遅れていました。またＩＴＳ（intelligent transport system：最先端の情報通信技術を利用した高度道路交通システム）

など新しいことに取り組もうとしても、投資額の大きさに経営努力が追いつかないのです。

誰でも一度便利なものを与えられると手放すのを拒むように、マイカーや自転車からバスへ移行してもらうにはそれなりの利便性の提案が必須でした。あと二五年後に六五歳以上の高齢者が四分の一を占める現実を考えると、絶対に今、公共交通をそれまで維持していく努力を試行錯誤しながら行っていかなくてはならなかったのです。

また、運賃の割高感も旅客減少の要因ではないかと思います。マイカーの費用は、燃料費だけしか考えませんが、公共交通の運賃には人件費や車両費や管理費などが含まれています。実際マイカーにかかる車代や保険代などの全費用を見れば、どちらの費用が高いかは微妙です。

今までは市内も郊外も路線・運賃とも画一的でした。今後は地域に合った路線形態を追求すべきであると考えます。そうなると行政との連携が必要となってきますので、行政と知恵を絞り、乗用車にいくらか走行規制をかけることによりバスのスピードを上げることも考えていかなくてはならなくなります。バスのスピードが一〇%回復し、お客様が一〇%増えると、価格は一〇%下げられるのです。

また都市部、郊外のそれぞれの路線計画を融合させ、幹線を機軸にフィーダー（端末輸送）の系統で路線網を確立すべきだと考えました。そして地方（町・村）では、シビルミニマム（自治体が住民のために保障すべきとされる最低限度の生活環境基準）としての足の確保が重要となってくるので、自治体と連携しコミュニティ交通のような、それぞれの地域に合った路線形態をつくり、できる限りのサービスをいかに提供していくかが重要ではないかと考えました。

路面電車が直面していた問題

路面電車のピークは一九五三年でした。その後、一九六七、六八年頃は全国的に廃止の機運一色でしたが、岡山電気軌道は、当時の松田壮三郎社長が二一世紀を見越していたのか、先見の明で路面電車を残す判断をしました。一番多い時で全国六七事業者あったのが、今は一九事業者しか残っていません。しかし近年、路面電車は環境にやさしい乗り物として全国的に注目を浴びるようになりました。

ところが、その岡山の路面電車の評定速度（停車時間を含む移動の平均速度）は、全国一遅いのです。全国平均は一二キロ／時のところ、岡山は一〇・六キロ／時です。原因は、他県の電車と比較してカーブと信号が多いことで、それがスピードを低下させているのです。信号の多さも、都市交通がマイカーを基準に考えられてきたことの一例です。

路面電車のスピードを維持するには優先信号が欠かせません。マイカーを止めて電車だけ進める信号が岡山市に一箇所だけあります。これが増えると良いのですが、市内人口の一・八％しか電車での輸送人口がない岡山では、広島市のように行政の応援が得られないのが現状です。岡山の路面電車の利用者数は、一九八七年を底に一九九一年まで三％ずつ上がっていましたが、その後、都市部の人口減に伴い現在まで減少してきています。

全国の路面電車の一九事業者のうち、元気なのは広島電鉄、土佐電気鐵道、長崎電気軌道、鹿児島市交通局、岡山電気軌道の五社でしたが、近年、富山ライトレールが加わっています。

世界的に見ると、一九七四年のオイルショックの頃、アメリカは大量にオイルを消費する自動車の時代は終わったとして、政府が命名したＬＲＴ（light rail transit：新技術導入により実現する路面電車システム）やＬＲＶ（light rail vehicle：新世代の路面電車車両）の開発を積極的に始めました。現在、世界の一二二都市以上でＬＲＴが導入されています。日本においては約三〇年遅れで、ＬＲＴが注目されるようになりました。

お客様目線の「わかりやすさ」「乗りやすさ」の追求

◆路線が一目でわかるように

路面電車とバス、バスとマイカーなど輸送手段の組み合わせや、市内線と郊外線の輸送形態の組み合わせなど、違うものを組み合わせることでメリットが生まれます。

シビルライナー

二〇〇〇年七月、パーク&バスライド専用車両として西大寺線に黄色い「シビルライナー」を走らせ、新岡山港線に青い「かもめバス」を導入するなどしていますが、これは市内交通の明確化には有効だったと考えています。分野・分担が違うものを組み合わせる時、このような「わかりやすさ」の追求は必要です。

これからの岡山電気軌道は、郊外から市内乗り入れの際の乗り継ぎ・乗り換え手段としてのバスの利用促進をはかり、市内中心部での人の移動は電車で補う、「市内輸送」という本来の役割をより明確に打ち出すことで、他との差別化をはかろうとしています。

我々バス会社の社員でも、他社のバス路線の起点・終点は概ねわかりますが、経由する停留所までは把握できていないのです。お客様だとなおさらわかりにくいかもしれません。誰でもわかる色や番号で表す必要もあるでしょう。郊外バスは点から点の路線ですが、市内バスは市内の面を埋める路線です。系統番号を付けてみてもお客様にはわかりづらいので、さらなる工夫が必要なのです。

岡山の都市構造から、路線バスは目的地とは別に、必ず岡山駅と天満屋（百貨店）の各バスターミナルに入ります。だから乗った人は方向感覚を失うのです。やはりパッと見たらわかる工夫が必要です。そのためには、動物のアイキャッチャーでもいいし、番号でもいいし、色でもいいし、同じ方向に行くものはバス会社の別なく同じ目印で統一しなければわかりやすくはならないでしょう。しかし、各社個性の強い、歴史あるバス会社同士ですから、なかなか思いは一つになりません。また、利害関係の調整も大変です。この利害関係の調整をせずして、公共交通の再編はできません。

◆お客様とつながる時刻表

今までは乗ろうと思っても時刻がわからなかったが、停留所に行って時刻表を写すように言われても、あんなに車がビュンビュン走るところで写せるかとの苦言もいただいていましたので、両備バスと岡電バスは当時、停留所の近所に時刻表のポスティング（郵便受けに投函する）をしました。実施後にお客様から運賃の見方がわからないとの問い合わせがあり、今まで見えなかった点が見えてきましたので、お客様との接点を持つことは持続するべきだと思いました。

基本的に我々のバス輸送、電車輸送という商品は、何時にどこに来るかをお客様に伝えないと商売になりません。そんな当時の両備グループの努力に対して、お客様は「やっとバス会社は本気になったのですね」と言ってくださいました。なかには、ひょっとしてバス路線を止める算段ではと勘違いされて、お客様の方が「自分たちがバスを利用しなければバスがなくなる」と危機感を感じていただくなど、公共交通の役割を再認識してもらうことができました。乗ってもらいたいのであれば、それなりの努力をしなければならないことがはっきりわかりました。

最も大切なのは、現実の数字を見て暗くならないこと。公共交通を失った時、どういう問題が生じるのかをお客様に自覚してもらえるよう、我々こそ最も明るく立ち向かい、一度忘れられた我々の存在をアピールしなければならないのです。

公共交通の復権をかけた取り組み

両備グループの代表になった当時、公共交通の復権をかけて、さまざまな取り組みを実施しました。

①公共交通利用のパネルディスカッションの開催

社長となって早々に岡山県国道事務所を訪ねて、今後は道路をつくることと同時に、道路を効率的に使うような国民的努力が必要な旨を説明しました。すなわち、地方都市の道路渋滞は朝晩の通勤通学時に発生することが多く、その数時間のために道路をつくるよりは、バスや電車による公共交通へ移行することが国民経済的に有利であると力説したところ、当時のK所長が協力を約束してくれました。ちょうどＴＤＭ（交通需要政策）の推進を国道事務所として考えていたということで、パネルディスカッションのスポンサーを引き受けてくれました。

パネルディスカッションは、利用者代表のご婦人と学識経験者、事業者代表として私が参加しました。その時のパネルディスカッションでのそのご婦人の一言が、バスや電車の社会的存在の問題点を露にしました。

彼女は、バスや電車による通勤通学の占める割合が一〇％以下で、九〇％以上はマイカーや自転車や徒歩であると知って、むしろ輸送割合が大部分を占めるマイカーこそが公共交通だと主張されたのです。その上さらに、もうそんな割合しか輸送していない電車・バスはなくても、地方ではマイカーで十分だと仰るのです。この認識には正直腰が抜けるほどびっくりしました。彼女は、日常生活ですでに電車・バスを使うことがほとんどなく、必要性をまったく感じていなかったのです。

私は、「公共交通というのは、利用者の多い少ないということでなく、それを必要とする免許を持たない子供たちや、運転ができない高齢者の方々の移動手段として社会が備えていなくてはならないものです」と説明しました。続けて「貴女にとって今はマイカーだけで生活に支障はないかもしれませんが、今後お年を召して運転できなくなった時に必要になるのが公共交通なのです」と述べると、渋々納得されたようでした。

地方におけるマイカー時代の恐ろしさは、一番働き盛りの社会人たちが、公共交通の必要性を感じていないということです。これは公共交通中心の生活が当たり前の大都会の人々には理解できない重大な現実なのです。誰でもいずれは公共交通を利用することになるのですが、地方では世論として声の小さい交通弱者の皆さんだけが必要性を感じる交通手段となってしまっていることが、地域公共交通の衰退に歯止めがかからなかった一因かもしれません。

地方の公共交通を議論する際、行政が中心となって、地域協議会や交通政策の会議が設けられます。会議のメンバーは主に行政の幹部や地域住民代表、商工業者などの有識者、学識経験者などで構成されます。しかし、そうした会議のメンバーの大部分は、日常生活で公共交通をほとんど利用していない、あるいは公共交通を利用して仕事ができないほど、地域公共交通は病んでいるのです。公共交通を利用していない委員の方々は、今は利用していないが、過去に利用した経験と良識と好意から、公共交通の維持を述べてくださっているのであって、生活実感からの意見でないことが多いのです。

各地で行われる公共交通利用促進の運動では、チラシなどを配って啓蒙したり、また必要以上の運行回数を要求するなど実態に伴わないものが多いのです。それよりは、「乗って残そう」という和歌山電鐵貴志川線の運動ではありませんが、委員の方々が率先垂範して公共交通を利用してくださるとか、行政の通勤はできる限り公共交通にするとか、実際に利用を増やす施策が必要なのです。

②社会的な公共交通復権の錦の御旗として「岡山県公共交通利用を進める県民会議」を結成

これは、岡山県のすべての自治体と市民、有識者や団体によって公共交通を利用しようというキャンペーンを実施した会議で、実際には、年に一回、岡山県知事が公共交通で通勤する、月に一度、一〇社程度の大手企業が公共交通利用の日を定め、社員がマイカーでなく公共交通をできる限り利用するという程度の運動ですが、皆さんのご協力は涙が出るほど嬉しかったし、感謝しています。

③岡山市、福山市でのオムニバスタウン（バスを中心とした安全で環境にやさしいまちづくり）の導入

④パーク＆バスライドや「E−定期券（エコ定期）」、高齢者に格安料金で乗車いただく「ことぶきパス」や、夏休み中の小・中学生を対象とした「サマーキッズ・パス」などの魅力ある定期や割引の導入

⑤広告パネル付きバスシェルターの設置

雨の日や風の日にお客様に吹きさらしのバス停でバスを待っていただくのは大変です。そこで、広告を付けることで設備費、管理費

錦町のバスシェルター（エム・シー・デュコー社製）

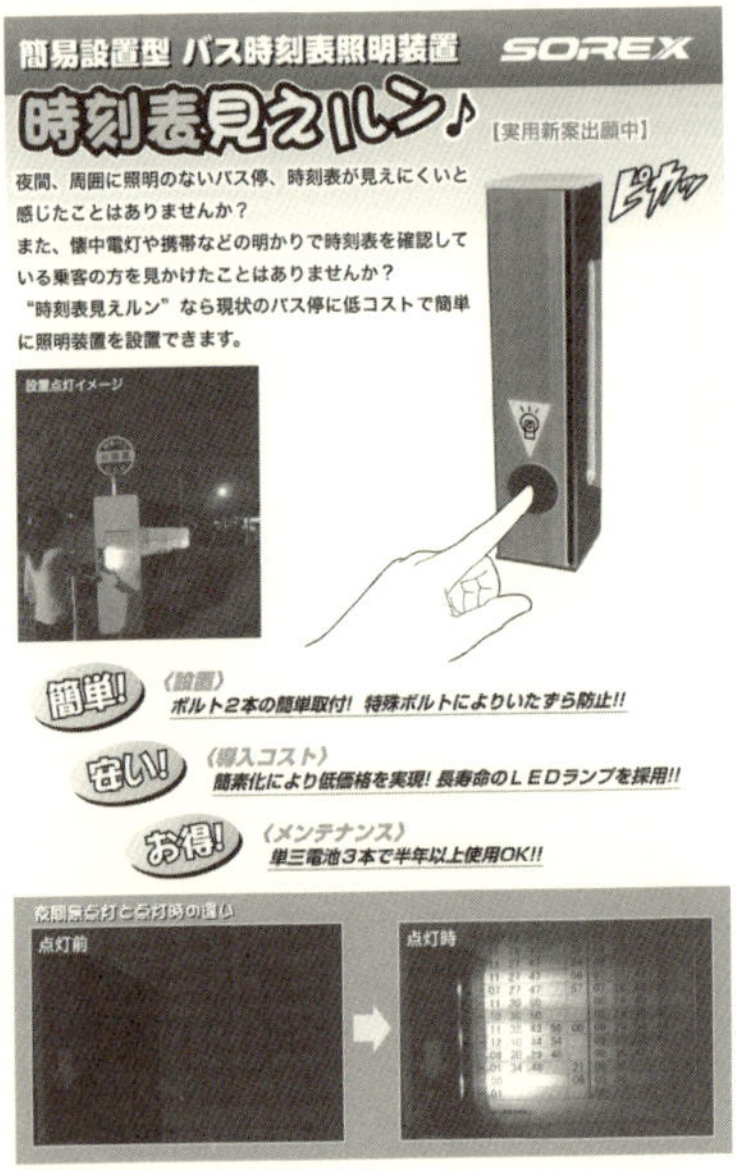
簡易設置型 バス時刻表照明装置
SOREX
時刻表見えルン♪

【実用新案出願中】

夜間、周囲に照明のないバス停、時刻表が見えにくいと感じたことはありませんか？

また、懐中電灯や携帯などの明かりで時刻表を確認している乗客の方を見かけたことはありませんか？

"時刻表見えルン"なら現状のバス停に低コストで簡単に照明装置を設置できます。

ピカッ
設置点灯イメージ
簡単！

〈設置〉

ボルト２本の簡単取付！ 特殊ボルトによりいたずら防止!!

安い！

〈導入コスト〉

簡素化により低価格を実現！ 長寿命のＬＥＤランプを採用!!

お得！

〈メンテナンス〉

単三電池３本で半年以上使用OK!!

点灯前
点灯時
バス停簡易照明「見えルン♪」


が無償になるバスシェルターを設置してくれるフランス生まれの会社（三菱商事との合弁会社エム・シー・デュコー）のバスシェルターを日本で初めて岡山市に二基設置しました。これは現在、大都市を中心に、急速に普及しています。

⑥競合会社との共同運行により、クリームスキミング（収益性の高い路線のみにサービスを集中する行為）や行きすぎた競争の改善（第5章参照）

⑦両備グループのバス用機器の独自開発

両備グループで、お客様の安全・安心・エコで健康なバス用機器の開発を行いました。

・バス停簡易照明の開発

高齢化社会では、夜間、暗闇の中ではバス停の時刻表が見づらいので、両備グループのトレーラー製造会社ソレックスで簡易夜間照明「見えルン♪」を自社開発しました。これは電池式で半年間メンテナンスフリーの優れもので、五〇〇〇円弱でどんな既存バス停も照明付きバス停へと変身し、高齢者の皆さんに喜んでいただけています。

・バス車載用ウイルス除去装置の開発

二〇〇九年の春、新型インフルエンザが大流行し、閉鎖車内の安心の確保を考えていた時に、ダイキン工業の田中博副社長（当時）が来社されたので、ウイルス対策の技術についてご相談し、両備グループの整備部門の両備テクノカンパニーとトレーラー製造会社ソレックスとダイキン工業さんとの共同で、わずか六カ月程度の短い期間でウイルス除去装置を開発しました。

このウイルス除去装置は、既存のバス空調ダクトに組み込める省スペースタイプで、冷暖房を運転しない季節でも送風で利用でき、フィルターなどは年一回の交換のみ、かつ交換が簡単という優れもので、しかも二〇万円を切る低価格です。バスを仮に一〇年使ったとして（もっと使えますが）、年二万円で安全・安心な車内空間をお客様に保証できるのです。

これらの開発が、両備グループのみならず、他社のバスにも利用され、日本のバスは世界一安全・安心な乗り物と評価されることを願っています。

教訓

お客様に公共交通の役割を知ってもらう努力が必要。

第3章 歩いて楽しいまちづくり運動

まちづくりは人々の意識改革から

前章で述べた通り、次から次へと公共交通の利用促進をはかる取り組みを実施したことは、いくらか減少を緩める効果はありましたが、抜本的に需要を増やす力にはなりませんでした。

そして、公共交通を活性化しようとしても、肝心要の「街」が元気にならなかったら、公共交通も元気にならないことに気がつきました。電車やバスの活性化が目的ではなく、街を元気にするツールだと遅ればせながら気がついたのです。

そこで、街を歩いていただこうと始めた運動が、名づけて公共交通利用による「歩いて楽しいまちづくり」です。

このまちづくり運動を提案したら、「小嶋さん、歩かれたら電車、バスがあがったりになるでしょう!?」と仰る方々が多くいらっしゃいました。

しかし実は、歩いていただかないと電車やバスには乗っていただけないのです。マイカーはドアtoドアの乗り物で、マイカーでの通勤では、家と会社の間の往復だけで、けっして街を歩いてもらえないのです。ですから商店街は人通りが少なくなり、お店は寂れてシャッター通りとなってしまったのです。公共交通を利用して、街の中を歩いてもらうようにすれば、また街に賑わいが戻ってくるのです。歩いていただくと、雨が降ったり、寒かったり、暑かったりといった気候の変化に応じて公共交通を利用していただけます。また急いでいる時や遠方へ行く時に、電車やバスに乗っていただけます。

このように、歩く習慣と公共交通利用はセットなのです。マイカーから歩く習慣へと市民の意識改革をはからないと、いくら地方の公共交通を一時的に立て直しても元の木阿弥です。まちづくりは人づくりと言いますし、人づくりに欠かせないのは、まず意識改革です。

この意識改革に参考になる話として、江戸時代の二宮尊徳翁の有名な「江戸の水売り」という教訓があります。それは、こんなお話です。

「昔二人の青年が、青雲の志を抱いて江戸へ向かった。江戸の入り口まで来ると、一人の男が通行人に水を売っていた。その姿を見た一人の青年は、『江戸はえらいところだ。おらが村ではただの水を売っている。こんなところでは生活できない』と思って国に帰ってしまった。もう一人の青年は、『ただの水が銭になる。よし、頑張ろう』と江戸へ入り、努力して故郷に錦を飾った。」

物事一つにも、いかようにも見方があります。今の時代をどう捉えるか、心のボタンのかけかた次第のような気がします。

まちづくりというと、これまでは大きなハードをつくる事業のように思われていたところがあります。

ところが、まちづくりは、市民一人一人の意識改革でできるのです。みんなで「誇れるまち」をつくろうと思って、自分でできることをやればよいのです。

マイカーだけの社会になると、騒音や排気ガスなどで都市環境が脅かされるばかりでなく、街を人が歩かなくなり、賑わいがなくなり、商店や飲食店もだんだん先細って、街そのものに元気がなくなってしまいます。気がついてみると、いつの間にか空き地がどんどん増えて、落書きや荒れ地、コインパーキングなどが増加し、街の中心部が空洞化します。

ヨーロッパでは、二酸化炭素による温暖化がどんな事態を生み出すかを真剣に考えています。温暖化が進み、南極の氷が溶けると、海面は七～八メートル上昇して、海面より国土が低いオランダなどは水没してしまうそうです。

昔は、そんなことはヨーロッパの問題だと思っている日本人が多かったのですが、近年の温暖化と異常気象を受け、日本の大都会のほとんどが海抜数メートルの海辺にあり、また工業地帯の多くが臨海型で、海面上昇は危険だという世論が増えてきました。特に、2011年の東日本大震災の巨大な津波被害は日本人の意識を大きく変えました。岡山市の旧市街も、水島の工業地帯も、もともとは海底で、水没の危険性があります。

欧米の先進諸国では、すでにマイカー規制が主流で、郊外ではパーク&バスライドあるいはレールライドで、街の中へは公共交通で移動するのが当たり前になってきています。街の中は当然「歩いて」移動する、「歩いて楽しいまちづくり」が実践されています。

さらに、生活に便利でインフラの整っている都心居住を促進していく、まちづくりを市民協働で進めていくというのが地方都市の目指すべき市政の戦略だと思いますが、それには、市民の自分さえ良ければという感覚から、「みんなで住みやすい、住んで楽しいまちづくりに協力する」という意識変革が必要だと思います。

歩いて楽しいと言いながら、わが両備バスの当時の本社（現・錦町オフィス）も、私が社長に就任した一〇年前は、でこぼこのコンクリートの汚い広場でした。これでは歩いて楽しくならないので、すぐにアンツーカー（陶土などを焼いた赤褐色の人工土）風の、それも雨がちゃんと吸収される舗装に替え、花の鉢を設置して、レトロな建物に合う、五〇年前の赤いロンドンバスを置いて、ちょっと小粋な雰囲気にしてみました。

そうしたら、デパートの宣伝の背景として使っていただいたり、通行中の母娘が笑顔で写真を撮ったりと変化が出てきました。

当時、こうした会社の方針を知って、若手社員で構成している両備グループ青年重役会（JB）が、県庁通りに夏にはヒマワリを、秋にはコスモスの鉢を並べてくれました。急な催しだったので、出石地区連合町内会の会長さんはじめ、ご町内の皆様に大変お世話になったことに感謝しています。

そうこうしていると、役員の一人が、夜このレトロな建物をライトアップしたら面白いと提案してくれました。節電の折でもあり、まだ実現していませんが、こういった企画がどんどん生まれてくるのは楽しみです。

「まち」は挨拶一つで明るくなります。片付け一つできちんとなります。花の一本で綺麗になります。「江戸の水売り」ではありませんが、ちょっとプラスに考え方を変えて、「日本一のまちづくりをやってみましょう！」と呼びかけをしています。

両備グループらしい「まちづくり」と口で言ってもなかなか市民の皆さんに理解していただけなかったので、それでは「まちづくりを見える化」しようと、さまざまな取り組みをしました。

路面電車「MOMO（モモ）」の導入

一九九〇年頃、市街地中心部の路面電車の二路線をつなぎ、環状化しようという「一キロスクエア構想」が岡山商工会議所から提案されました。市民団体「RACDA（ラクダ）：路面電車と都市の未来を考える会」（現・NPO法人公共の交通RACDA）が誕生し、我々交通事業者とともに路面電車の延伸運動を展開しました。

一九九七年、RACDAが路面電車のシンポジウムを開催した際に、岡山出身の車両デザイナー、水戸岡鋭治さんをゲストに招きました。その時に、出席者の一人が「もし岡山電気軌道が次世代路面電車を導入することになったら、地元のために、無料でデザインをお願いできませんか」と発言されたところ、水戸岡さんは、まさか岡山電気軌道が本気で導入するとは思わず、「いいですよ」と気軽に応じてくださいました。

二〇〇二年にいよいよ未来型LRV（ライトレールビークル）一〇〇％超低床式路面電車「MOMO（モモ）」を岡山電気軌道で導入することになりました。水戸岡さんは、約束どおり無料でデザインして下さいました。

水戸岡さんは、「小嶋さん、両備はケチだそうですが、ペンキ一缶ぐらいなら買えますか」と、

岡山電気軌道の路面電車「MOMO」

私に尋ねられました。「まちづくりはペンキ一缶あればできます」という水戸岡さんの言葉に大変共感して、両備グループのデザイン顧問になっていただきました。

そして幸運にも、こうした路面電車の取り組みは、この年創設された「日本鉄道賞」の「地方鉄道における活性化への貢献」部門で受賞する栄誉に恵まれました。

受賞理由は、まちの景観等と調和した一〇〇%超低床式路面電車「MOMO（モモ）」の導入と併せて、情報技術を活用した電車運行情報の提供、バリアフリー化の推進などを一体的に行い、地域住民の足としての取り組みを行うとともに、市民団体とも連携しつつ、まちづくりの情報を発信するなど、地域の発展に貢献していることが評価されたことです。

「二一世紀の都市交通」を見てわかっていただきたいという思いで企画した「MOMO（モモ）」が、RACDA（ラクダ）をはじめとした市民団体、国、岡山県、岡山市の行政の皆さんのご支援、水戸岡さんという素晴らしいデザイナーとの出会いで実現できました。

「MOMO（モモ）」は両備グループで取り組む「歩いて楽しいまちづくり」の象徴として、その後の活動の布石となりました。

都心居住を進める「グレースタワー」の建設

二〇〇四年当時、バブル崩壊を受けての不況と、企業が不動産を持たざる経営がもてはやされて、岡山市中心部の空洞化が進み、土地下落が憂慮されていました。そこで、なんとかこの空洞化と土地下落を止めて魅力を高め、二万人くらいの人口増加を市内中心部ではかろうと、「歩いて楽しいまちづくり」のシンボルとして、前述のLRV「MOMO（モモ）」と、岡山中心部のランドマークとして、一〇八メートルの高さを誇るツインタワーの分譲マンション「グレースタワー」を計画しました。

実は、両備グループは、バブル時代に都市再開発やデベロッパー事業にはまったく手を出しませんでした。ノウハウもありませんでしたが、それ以上に再開発のために住民を無理やり移住させるようなことは我々にはできません。

しかし、都心の空洞化が進むなかで、今こそ県都・岡山市の活性化のためにデベロッパー事業に取り組もうと思っていたところに、都心居住が二万人増えるような都市再生が岡山市で提唱され、グループの総力を結集してまちづくりに努力することにしたのです。このグレースタワーが

グレースタワー

実質的にその第一号となりました。

サステイナブルなまちづくりとして、グレースタワーは、住む方に安心して住んでいただけるように一〇〇年は心配ない構造としました。また、地震にも安心な免震設計で、生活に便利なダストシュートなど考えられる最高の設備を施し、岡山県のランドマークにふさわしい建物に仕上げました。

この建設を機に、岡山市中心部の都市再生が見直され、新たな計画が目白押しとなってきたので、グレースタワーもそう長く岡山市のランドマークでいられなくなるでしょう。また、そうなってほしいと思います。それが県都・岡山市の発展の証左です。

JR岡山駅前から伸びる桃太郎大通りにも、その後、多くのマンション計画が生まれ、「マンション通り」になると言われています。

私は「岡山のシャンゼリゼ通り」と呼べるほどの街並みになったらいいなと思っています。シャンゼリゼと言うと笑われる方が多いと思いますが、パリのように有名なブランドショップが立ち並ぶという意味ではありません。岡山市内でマンションができると、皆さん一階を駐車場にしてしまいます。都市の真ん中のマンションの駐車場は、ぽっかりと空いたブラックボックスができるようなもので、防犯上危険です。シャンゼリゼなどは、一〜二階はショップになっていて、その上がマンションです。一階には駐車場はありません。ですから街並みが美しい上に安全なのです。そんな洒落たまちづくりをしたかったために、あえてグレースタワーの一階は店舗スペースとしたのです。

レトロでモダンな「SAI BUS（サイバス）」登場

二〇一〇年、両備グループは創業一〇〇周年を迎えました。約五〇社、八〇〇〇人を超える企業グループになれたのも、母なる西大寺鐵道から両備バスへと続く公共交通とそれを支えてくださった地域の皆さんのお蔭です。

両備グループでは、一〇〇周年を記念して「感謝の一〇〇年、思いやりでネクスト一〇〇年」というキャッチフレーズを設けました。感謝の一〇〇年として、西大寺鐵道の再現である「SAI BUS（サイバス）」、ネクスト一〇〇年として、二一世紀の路線バス「SOLARVE（ソラビ）」を企画しました。

公共交通の存続に大事なことは、将来の見込み客の子供たちに夢を与える車両にすることです。電車では、岡山電気軌道の「MOMO（モモ）」、和歌山電鐵の「いちご電車」「おもちゃ電車」「たま電車」と、子供たちのみならず大人の乗客の皆さんにも親しまれる車両を開発してきました。しかし、路線バスはなかなか様になりません。

西大寺鐵道は、自転車や荷物も載せられて、大変便利で、皆さんの生活に直結した乗り物でした。西大寺鐵道の気動車のように自転車を載せるデッキをバスに付けるという私の提案に対して、現場はうまくできるかどうか半信半疑で、中古のバスを改装したいという回答でした。かえって中古の方が、新車の買えない地方のバス会社らしいし、古いバスでも生き返る証明になるので、私はOKを出しました。

両備グループのデザイン顧問の水戸岡鋭治さんなら、きっとこのアイデアを素晴らしいデザインでまとめてくれると信じていましたが、思っていた以上の素晴らしいバスになりました。外観は茶色に赤とゴールド。車内には床と座席を中心に、ナラの木をはじめ可能な限り自然の素材を用いて、お年寄りには懐かしく、若者にはモダンに感じる、エコロジカルなバスに仕上げました。前後の荷台にはお客様の荷物と、自転車を前に一台、後ろに二台、搭載できます。これだけのバスができたのも、中国運輸局とその岡山運輸支局の皆さんの、夢のあるバスをつくらせてみようというご好意のお蔭だと感謝しています。

名前は「SAI BUS（サイバス）」としました。これは西大寺鐵道のサイと西大寺観音院の犀《さい》をかけたものです。

西大寺鐵道の気動車をモチーフにした「SAI BUS」

西大寺は、元は犀戴寺《さいだいじ》と言ったそうです。西暦七七七年、安隆上人《あんりゅうしょうにん》が、大和の長谷寺で修行三昧されていた時、〃備前金岡庄の観音堂を修築せよ〃と夢にお告げがあり、上人は直ちに西国に下向し、藤原皆足姫の擁護のもとに海路を船で急ぎ金岡の庄に向かいました。その途中、児島の槌戸ノ浦にさしかかった時、犀角を持った仙人（龍神）が現れて、「この角を持って観音大師影向の聖地に御堂を移し給え」と霊告されました。感涙した上人は、犀角を鎮めた聖地に堂宇を建立し、法地開山されたのが起源で、この時寺号を犀戴寺としました。後年に後鳥羽上皇の祈願文を賜り西大寺と改称したそうです。

ＳＡＩ ＢＵＳ（サイバス）は、可愛い犀がマスコットキャラクターです。実は、両備グループの故松田基《もとい》会長が、生前、西大寺の住職に提案したことから、西大寺にはたくさんの犀の置物がコレクションされています。

さて、ＳＡＩ ＢＵＳ（サイバス）のお披露目には市内の保育園の園児の皆さんをお招きして、子供たちの反応をチェックしてみたところ、園児たちはキラキラした目で歓声をあげて乗り込んでくれました。そして、バスの中で先生たちと楽しそうに歌を唄ってくれました。子供たちの夢のバスができました。

このＳＡＩＢＵＳ（サイバス）は、岡山駅から西宝伝まで犬島の渡船につなぐ路線バスとして運行し、二〇一〇年に開催された瀬戸内国際芸術祭に花を添えました。

世界初！二一世紀型バス「ＳＯＬＡＲＶＥ（ソラビ）」発進

続いて一〇〇周年を記念した二一世紀の路線バスの開発にあたって、私が指示したコンセプトは、
①経営テーマの安全・安心・エコで健康を表現すること
②総ガラス張りなど二一世紀を表現するデザインとすること
③子供が思わず駆け寄ってくるような、夢のあるバスとすること
で、総合プロデューサーに水戸岡さん、開発責任者をＭ常務（現・専務）として、ほぼ一年をかけて開発に取り組みました。

電気バスはまだ三〜四年くらい実用までに時間がかかるので、最も電気バスの将来に近い三菱ふそうのハイブリッドバスをベースに選定しました。

車両の改装は大阪車両工業さんにお願いしました。デザインを含めて三洋電機さんが当初から

大きな役割を果たしてくださり、ソーラーバスのプロトタイプをつくることができました。ハイブリッドで太陽光発電を取り入れ、全方位の安全確認ができる次世代型の路線バスは、多くのメーカーさんが、技術を結集してくれたので、こんなに早く、また開発費も含めると普通なら数億円もかかるバス開発が、七〇〇〇万円強でできたと感謝しています。また中国運輸局と本省の皆さんにいただいた技術上や安全上のご指導の賜物です。

名前はソーラービークルからイメージした「SOLARVE（ソラビ）」としました。素晴らしい二一世紀型バスの完成に、思わず「ソラビて見ろ！」と叫びました。

太陽光発電を取り入れたハイブリッドバス「SOLARVE」

生まれない、公共交通存続の危機感

本来は岡山市内の公共交通をより便利にするため、電車の延伸やバスの活性化をはかるための施策として「歩いて楽しいまちづくり」を実施したのですが、両備グループや中核となるバス会社の経営の心配がなかったため、岡山市内では公共交通の将来不安をまったく感じていただけませんでした。

岡山は岡山駅前にバスが六社も乗り入れるという全国で稀にみる公共交通の激戦地です。そのうち四社が堅実経営で、岡山市から運行の補助金をもらっていなかったために、公共交通の危機感がまったく醸成されませんでした。残念なことに、全国的にも市民の皆さんの公共交通存続に対する危機感は、電鉄会社やバス会社が倒産や廃業を決意した時にしか生まれません。実は、その時はすでに手遅れなのですが、日本人は深刻な問題が起こらないと危機意識が生まれないことがよくわかりました。

それならば、実際にお困りの地方の公共交通の再生にご協力しようということで、市民団体RACDA（ラクダ）等と呼応してボランティアで再建案をつくって、助言活動を始めたのが、他地域での公共交通の再生に携わるきっかけとなったのです。

教訓

地元の公共交通存続の危機は、会社が倒産するまで行政も市民も気づかない。

第4章

目からウロコの韓国バス事情

イ・ミョンバク氏の交通改革

二〇〇六年一二月、神戸国際大学で、ライトレールの普及をはかるパネルディスカッションに招かれました。その時、韓国ソウル市での公共交通の取り組みを聞いて、腰を抜かすほど驚きました。

それは当時、韓国大統領の有力候補になっていた李明博《イミョンバク》さんがソウル市長の時、都市環境再生のために行った施策で、

①清渓川《チョンゲチョン》の上に架かっていた約六キロの高速道路を解体して元の川に戻す

②それによってマイカーの通行が不便になるため、公共交通にシフトする
③バス専用レーンを充実して、マイカーを規制する
④マイカーに替わるバスを便利にするため、バス運送事業組合をつくり、五八ものバス会社を一つのコントロールセンターにまとめる
⑤バスはすべて圧縮天然ガス（ＣＮＧ）対応とし、バスロケーションシステムやＩＣカードなど徹底的に情報化する
⑥バス交通の管理と情報センターをつくって、バスマネジメントシステムを確立する
⑦三人乗り未満の車に課金をして、ロードプライシングで、二人乗りや一人乗りのマイカーを抑制する
⑧無人監視システムでマイカーの駐車禁止の罰金をとる
という途方もないビッグプロジェクトでした。

高速道路を解体して、元の川へ戻すなどということは、便利至上主義の日本で共感を得るのは不可能に近いことと思われ、それをやり遂げた韓国のパワーに敬意を表するとともに、ぜひ現地を見てみたいと思い、当時、私が岡山県バス協会の会長を務めていたこともあり、協会の視察として韓国に行きました。

韓国の視察で学んだこと

◆行政の費用負担のあり方

第一の視察は、人口約七〇万人で比較的岡山市の規模や状況に近い安養《アニャン》市で、バス・インフォメーションシステムを視察しました。

二〇〇三年から四段階に分けて行われ、市内二社、区域一七社をコントロールするバスロケーションシステムで、六五億ウォンをかけて、市が独自につくったものでした。

このバスロケシステムの特長は、

①市が市民サービスとして全額負担している
②四つ前の停留所を通過したら、バスが来たことを表示する
③定時の考え方が日本と異なり、何分間隔のダイヤなら、その間隔を維持することが目的で、団子になったり、離れすぎることをコントロールすることに主眼がおかれている
④バス企業はその情報を利用して、市民サービスになるダイヤの設定と運行管理に努力する
⑤市民は携帯電話でバスロケの情報を入手できる
⑥表示の上に市政情報を載せて、市民への広報にも活用する

バスロケシステムの費用を市が負担する背景は、これによってバス利用が増えて、バス会社の経営に資するということのメリットは少なく、シビルミニマム(自治体が住民のために保障すべき最低限の生活環境基準)としての都市交通の利便性を市民に情報提供するというスタンスでした。

バス会社に負担を強いるバスロケシステムが日本で進展しないのは、これでバス需要が目に見えて増えるという状況でないため、バス会社のコストパフォーマンスが悪いからです。韓国では、その費用を、市民サービスと都市環境改善と地球温暖化防止という観点から、行政(政策)側が負担するというすっきりしたものでした。バス需要が増えないならバスロケシステムはなくてもよいというものではなく、マイカー規制等の交通需要政策には必要なシステムなのです。

市側は、

①公共交通をわかりやすく情報提供する
②市の情報も一緒に流す
③情報を民間に売却する
④道路の状況を把握し、ロードプライシングや違法駐車の無人取り締まりに役立てる
⑤バスは圧縮天然ガス(CNG)バスを基調にする

を政策としています。

韓国の行政は、公共交通の公共性の部分の費用負担を、民間に分担させて押しつけるのでなく、

きちんとフェアに全額負担している点が印象的でした。日本のように、財政が苦しいからといって、何でも民間に押しつけてしまうのではなく、国家として、地方行政として明確に都市環境改善や地球温暖化防止を掲げて、市民にもその負担と協力をはっきり明示している点が立派です。マイカーから公共交通にシフトさせるために情報化やICカード等の「システム」をしっかり整備するだけでなく、公共交通にシフトさせる「政策」をはっきり提示しているのです。

シフトさせてバス需要を増やすために、

①パーク&ライドやバス専用レーンを設置する

②三人乗り未満の車からは通行のたびに二〇〇〇ウォンを徴収する（ソウル市）

③幹線道路では、五分以上の駐車には無人監視で罰金を徴収する

④バスロケーションシステムで定時間隔を維持する（ソウルでは九五%を達成）

ということで、その相乗効果で、バスへの利用転換をはかっていることが印象的でした。

これらの施策で、顧客満足度がソウルでは八五%を確保していました。バス会社は市民の満足を得られるように、安全・安心に運行することが責務なのです。

◆安全運転を実現するための施策

次に、ソウル市で五社が二〇〇三年に共同出資してつくったバス会社「brtコリア」を訪問

しました。同社では現在一八八台のバスを所有し、業績も順調とのことです。

ソウル市では、バス運送事業組合になってから、統制のとれた運行を実現する対価として、標準原価に一台日本円で一〇〇万円の適正利潤を認めているところが特長的です。利益保証の見返りに、市民アンケートや評価システムがあるようです。日本なら、企業に利益を保証すると言っただけで、行政官も議会も市民団体も大反対でしょう。日本では資本主義の原則が活きていなくて、極めて原始社会主義的意識が強すぎるのです。

このバス会社は人気があり、九人の運転手の募集に一〇〇名が応募するという、規制緩和前の日本のような状態でした。運転手の採用条件もユニークです。
①運転には精神的に安定していることが大事で、家庭の安定を第一に見ている
②事故歴や書類審査をする
③前職の勤務状態を聞き取り調査する
④実技試験する
これをみても、生活の安定が安全運転の前提で、規制緩和による競争で賃金や会社の業績が大幅に悪くなり、大事故が起こる背景を、企業の責任として押しつけている日本の行政との違いが明らかです。「衣食足りて礼節を知る」が如く、「衣食足りて安全の確保ができる」のです。

採用されると、今度は実務のほかに、お客様への「親切」を教えるということが印象的でした。

さらに、各社で採用されると、今度は組合で教育して、運転手の試験をして合格の資格を与えるというものでした。

両備グループでも、グループ内のバス会社三社の新入運転者が共同教育を受ける点は一緒ですが、試験をして両備グループのバス乗務員としての資格を与えるというようなはっきりとしたシステムではなく、そうすることが必要だと感じました。

設立して四年の会社で施設も立派でしたが、以下のような点が気になりました。

①会社の見えないところの清掃状況がいまいちだった
②バスの清掃状況も良いと言えるものではなかった
③運転は、業界の中でトップクラスというが、加速が早い、ブレーキが激しいなど、日本では一回の乗務で何人もケガ人が出そうな運転だった

会社のモラルは高かったのですが、かえって日本の乗務員のレベルの高さを実感しました。

◆行政と民間の役割分担

この韓国の視察でわかったことは、行政とバス会社の役割が日本は曖昧で、特に規制緩和後は、路線維持も公共システムづくりも民間に押しつけていることが問題であると思いました。このように民間に押しつけるようになった背景には、財政事情が厳しいということと、規制緩和で公共

交通の電車やバスは単なる民間の営利事業という、公共性に対する意識の低さがあると思います。国や行政は公共性を担保するために必要な負担をし、運行の確保と品質の維持を民間会社がするという明確な分担が韓国にはありました。

一方、日本では都市環境改善や温暖化防止に対して、国や行政が、国民の反発や政治家の票離れを恐れるがあまり、国民に負担や協力を求める姿勢も曖昧で、政策がチグハグかつ裏づけの予算が十分でないということは大問題です。特に地方では、このままでは過疎の問題も含めて、バスのネットワークは消滅して、公共交通そのものが、民間事業者の経営問題にすり替えられて、死滅する懸念があります。

先進国の中で、大都市と地方都市の黒字の一部路線しかネットワークとしての公共交通がない唯一の国、すなわち開発途上国よりも交通手段のない国に日本がなってしまう懸念を今回の視察で感じました。

行政と民間会社の強力なコラボレーションを築けるか否かが、今後の大きな課題です。

教訓　官の役割と民の役割を分担することが、公共交通の抜本的改革の必須事項。

第5章

規制緩和は公共交通を衰亡させる

岡山市バス業界の顧客争奪戦

岡山県の北部や西部地域を営業拠点とする郊外バス会社中鉄バスは、多くの過疎地域を担当しており、規制緩和以前は基本的に補助金による赤字補填で事業の存続をはかっていました。ところが、規制緩和により、赤字補填の道が閉ざされ、路線廃止・縮小や一部路線の補助金だけでは、経営が困難になってしまったのです。おまけに規制緩和後は、今まで潰れないと思って貸し込んできた金融機関が地域公共交通の信用不安から、一転、融資態度が変わり、極めて厳しい対応に変化しました。

経営の改善に行き詰まった中鉄バスは、活路を求めるために南下政策と称して、顧客の多い岡山市内線に進出をはかりました。

ここで、岡山市内のバス事業の輸送秩序は根本的に崩れて、熾烈なサバイバルを展開することになりました。

①中鉄バスは、二〇〇三年、岡山電気軌道との市内競合路線に参入し、乗客の多い時間帯や、岡山電気軌道のダイヤより少し早い時刻に対抗的なダイヤ設定をすることで、ダイヤのクリームスキミング（収益性の高い路線のみにサービスを集中する行為）争いが起こり、参入路線では毎月のように両社のダイヤが変わりました。

②郊外バスの市内バス停への開放が、サービス向上を名目に、一九九九年より届出だけでよくなり、中鉄バスは今まで乗り入れていなかった市内各所や岡山駅構内に乗り入れ、顧客争奪戦が始まりました。「おもてなし」を理由に、同じ方向のバス乗り場は一緒にして市内バスからの顧客の移転を狙った戦術が行われ、規制緩和以前には秩序が維持されていたバス事業が混乱し始めました。

③岡山電気軌道は、中鉄バスの収益力ある路線であった岡山空港リムジンバス路線と神戸行高速バス路線に二〇〇三年参入し、対抗しました。特に岡山空港のリムジンバスは両社のバス停が隣り合わせで、お客様の争奪戦を繰り広げました。

この競争は、運転手同士のいさかいや、客引きを横行させ、社会問題化する雰囲気になっていました。しかし、中鉄バスの思惑とは異なり、市内に新設した路線に顧客は多くはつかず、結局さらに経営を圧迫する状態となったのです。

市内では、別の郊外バス会社が、走行距離が長くキロコストが安い郊外バスの利点を活かし、一九九八年に市内初乗り運賃を一〇〇円にしたため、走行距離が短くキロコストの高い市内バスの岡山電気軌道も追随することになり、市内は低運賃化し、採算が悪化していました。そこにさらに中鉄バスの参入で、ダブルトラックとなり、両社の経営はより一層悪化しました。

それで、顧客利便が高まり、お客様が増えたのかというと、ほとんど顧客の増加はなく、路面電車とバスの同じ丼の中での顧客の取り合いで、むしろ減少に歯止めがかかりませんでした。政令指定都市規模の都市では、初乗り二〇〇円が普通ですが、岡山市は半分の一〇〇円となり、それでは倍のお客様を運んでいるのかというと、通勤通学の公共交通利用は全国平均一〇%の六割の六%と少なく、お客様から安くて便利になったという声もあまり聞きません。

地方都市交通は安いから乗るという需要の運賃弾力性が低く、マイカーと運賃競争すれば、燃料費だけしか運賃がいただけなくなってしまいます。利用するかしないかは、高い安いではなく、必要か否かで決まるので、いかに適正な運賃にするかで、健全な都市交通を維持できるかが決まります。長い距離を走る郊外バスはキロあたりコストが安くなり、走行距離が短い市内バスはキロあたりコストが高いというコスト構造の違うバスの輸送秩序が壊れてしまうと、何か市内バスが経営努力不足で高い運賃を搾取しているように市民や行政が錯覚することが怖いのです。

お客様第一に、競合から共同へ

実は、両備グループ内でも、両備バスは郊外バスであり、市内バスの岡山電気軌道は兄弟関係ですが、やはり市内バスのバス停への両備バスの乗り入れや、路線の競合が表面化していたので、犬猿の仲とまでは言いませんが、現場では岡山電気軌道の両備バスへの不信感は強かったのです。

両備グループの代表として、この競合を解決し、社会問題化する前になんとかこの中鉄バスとの泥仕合を収束したかったのですが、間に入ってくれて、両社の調整をしてくれる人も、機関もなく、半ば途方に暮れていたところ、チャンスは突然やってきました。

二〇〇六年のとある土曜日に歩いて会社に向かっていたら、前方に中鉄バスの藤田正藏社長が散歩をしていました。これは千載一遇のチャンスと、藤田氏に「おはようございます。お互い一度話をしませんか」と語りかけたところ、怒鳴られるかと思いましたが、実に平然と、一度伺わせていただきますと、穏やかな話し合いになりました。

数日後、藤田氏が来社され、会って話をすると、過去の恨みつらみはありますが、お互い経営

者同士ですから、

①お客様の利便のためにお互い努力しましょう

②岡山県はバス会社が多すぎ、それがバラバラに運行しているので、なんらかのコラボレーションをして、バスネットワークをちゃんとつくりましょう

③現在の規制緩和では、地方バス路線が健全に維持できないので、業界正常化にお互い努力しましょう

などと大いに話が盛り上がり、バス事業とお客様に対する思いはほとんど一緒であることが確認でき、意気投合しました。私の方から、お互いの不毛な紛争を回避して、お客様に向かってわかりやすい、利用しやすい和解案を次回提示することをお約束して別れました。

後日、次のような調停案をご提示しました。

①中鉄バスは市内線から撤退するとともに両社で路線の整理統合をはかる

②その代わり、ダブルトラックになっている旧来からの郊外バスと市内バスの競合路線と空港リムジンバス、神戸行高速バスは、共同運行とし、五分五分とする

③その施策で中鉄バスが収益回復できるように調整する

経営者同士というのは、理解が早いもので、四〇～五〇年の諍いも、瞬時に解消し、お互いの信頼関係が湧いてきました。基本線の合意が瞬時にできて、後日具体的数字に落とし込んで、両

社の実務レベルの交渉になりましたが、現場では白兵戦をやった間柄で、信頼関係どころではなく、疑心暗鬼で交渉は難航しました。しかし、トップ同士の基本的な気持ちは同一であることを再確認でき、無事調印式を済ませました。

その後も、トップ同士が一切ブレなかったことで、めでたく二〇〇七年に共同運行が始まり、規制緩和によって始まった生死を分ける泥仕合が収束し、市内の多くの問題の一部が解決したのです。皮肉なもので、規制緩和が引き起こした泥仕合が、結果としては、積年の懸案だったバス事業者同士の友好関係を生んで、顧客利便が高まることになったのです。そして、今後はいかに公共交通の利用促進と環境問題の解決とを平行して進め、利用客を増やすかが課題となりました。

ちなみに、今回の共同運行で、同一時刻に運行する無駄な便数を調整することによって約五〇〇トン／年の二酸化炭素の排出を抑制できました。

行政と事業者の深まる溝

当時、岡山電気軌道と中鉄バスの泥仕合に困られたご当局が中心となって岡山駅構内の方面別による乗り場を一本化するというご提案がありました。しかし、内容は短絡的にただ会社の違う、同じ方向に走るバスを同じ乗り場から出せばよいというご意見でしたが、それではダイヤの調整ができずに、同じ時間帯に一つの乗り場にバスが重なってしまうため捌《さば》けず、混乱が生じ、安全にも支障が出る状況となることをご存じでなかったようです。また同じ方向に走っていても、市内バスと郊外バスは最終到着地が違うので、同じ乗り場での調整が難しいのが実態です。

したがって、どうしても共同運行化し、お互いが自主的に便数や時間を譲りあわなければ、方面別が結果として顧客利便にはつながらないため、今回の共同運行化を急いだのです。

これで、ほぼ岡山駅構内のバス停は、郊外と市内とを中心に方面別のわかりやすい状況になりました。しかし今度は、県庁や市役所という途中経由地でも方面別乗り場とするべきという行政からの要望があり、実際に利用者からそのような要望が出ているのかという議論になっています。途中経由地での方面別乗り場という要望を、現実のお客様から我々は聞いたことがありませんと行政に言いましたら、突如ご老人の関係の団体などから市に要望書が出てきました。何かどこかの電力会社のようです。

基本的に、ハードの設置は行政が主体に、運営は民間中心にすれば大きな問題は生じません。この運営に行政が口を出し始めると、結局はトラブルになり、地域公共交通の死期を早める結果になります。実際の利用者の要望による交通政策ではなく、頭で考えて便利という交通政策を進めることは危険です。特に補助金などをもらっている団体に頼んで要望書を出させて、思い込みの政策を進めることがありますが、多くは大きな赤字を生んで、後々困ることになりますから、くれぐれも交通では実需は何かを見分けることが肝要です。

需要動向や市民の意向調査には、パブリックコメントやアンケート調査が使われることが多いですが、ちゃんとした統計的手法になっているかが疑問です。有為な数の母集団が無作為抽出できちんと分析されているかが問題です。また本来、公共交通の場合の母集団は、利用者から選ばれているかが重要なのです。

二〇〇四年一一月、「岡山駅前バス乗り場を利用しやすくするための意見公募」が行われました。その有効意見数はわずか二四六人であり、その中のまた七二人が方面別乗り場を選択したのです。七〇万市民のわずか〇・〇一%の七二人の意見で、これがサービスの決め手とされ、今日までその他にやらなくてはならない交通政策が一杯あるのに、それをすべて止めてまでこだわる必要があったのか、今一度、冷静に考えてみることが大事です。ちなみに利用しづらい一番の理由として、八九人が案内、情報が不十分ということで、バス協会はじめ各社は、顧客からの第一の要望として、案内板の設置を求めてきましたが、結果として全体の案内板はできましたが、各社の乗り場の方面別案内や、そのデジタルサイネージ（電子看板）などはできず、行政ご当局は方面別のみを「おもてなし」と主張され続けて混乱したのです。

このような行政と事業者の政策が噛みあわなくなったのは、どうも行きすぎた官官接待以後、事業者と行政の癒着を恐れるがゆえに、腹を割った付き合いがなくなってしまったことと、実務を事業者に任せきったことが一因にあると思います。公共交通を民間に任せきったために、行政には公共交通の現場の問題に対して理解や経験のある方々が少なくなって、頭だけで交通政策を考えることになってしまったがゆえに起こった混乱だと思います。もっと利用している市民と事業者と行政とが腹を割ってまちづくりの一環としての公共交通を論じあわなければなりません。

規制緩和の結末

本来、規制緩和が目指したものは、正常な競争で、運賃・サービスの改善や、路線や運行回数の増加などの効果ですが、現実は、岡山県では一六%以上の路線が消え、過当競争を誘発して、企業運営を危うくしただけに終わってしまいました。

これはタクシー業界も同じで、供給過剰で運収が上がらず、生活がやっとという状況の地域に増車を生み、違法駐車で街の混乱に拍車がかかり、劣悪なサービスをする事業者の参入で業界全体の信頼すら揺らぎかねない状態を引き起こしました。

また、多くの地方鉄道は廃止を余儀なくされ、移動手段のない限界集落を生み、地方の活力を削ぎ落とすだけでした。

規制緩和は、規制によって供給力を制限され、あぐらをかいている業界に、規制を緩和することで競争を生み、価格やサービスの向上で消費者有利に進められるべきものです。したがって、供給より需要が多いということが前提ですが、公共交通の規制緩和は誰がミスリードしたのか、首都圏の状況を日本全体と勘違いしたのか、はるかに需要の少ない、供給力を確保しなければならない地方と業界に致命傷を与えて、地域公共交通の衰退に拍車をかけたとしか言えません。

規制緩和という理想論に酔ったのか、首都圏だけが日本だと曲解したのか、今さら、犯人捜しをすることは不毛なことですが、これは国を危うくする大失策といえるでしょう。中央の審議会のメンバーには、少なくとも学者や有識者は中央、地方半々の委員で構成し、利用している市民代表もメンバーに入れなくては、今後も大間違いをすることになるでしょう。これは中央の政治や行政の責任を論じ、責めたてるために言っているのではなく、当時は社会全体の流れが地方を見間違ってしまっていて、それゆえの結果でしょう。一度ここで、この誤りを、勇気をもって認めていただくとともに、地域公共交通を再生するには、これから一〇年以上の歳月を必要とすることをご理解いただきたいのです。

教訓

規制緩和による公共交通の事業者間競争は、「狂争」を生む。

第6章 「公設民営」の実証 津エアポートライン

地元が匙を投げた旅客船事業

地域公共交通再生のポイントは先進国型の「公設民営」ですが、基本的には、監督官庁にも、地方行政にも、都合のよい事業者の言い分としか理解していただけませんでした。日本では、公共交通は民間が行うもので、行政支援は補助金しかないということが常識でした。日本の常識は世界の非常識と言いますが、まさに公共交通もその通りだったのです。

いくら主張しても、これは実証しなければ、なかなか理解していただけないなと思案していた時に、三重県の津市から、海上アクセスの是非に関わる診断の依頼がありました。そこで「公設民営」という経営スタイルを、三重県津市から中部国際空港への海上アクセスとして実証をする可能性を探ってみました。

この海上アクセスは、当時の津市の近藤康雄市長が、愛知県常滑に空港を譲る代わりに海上アクセスをつくって、陸路なら一時間四〇分かかるのを海上航路なら三〇～四〇分で空港に到着するという利便性を地域発展の起爆剤にするというプランでした。

当時、三重県に五航路をつくるという案がありましたが、どこも需要が少なすぎて地元の大手事業者の参入が見込まれず頓挫していました。その事業開設のために旧建設省から派遣されていたK助役を通じて、両備グループにご相談がありました。このK助役は岡山県にも出向されていたことがあり、両備グループのことをよくご存じで、藁をも掴む気持ちで来られたのです。それでボランティアで調査・分析をお引き受けすることにしたのです。

調査の結果は、大手コンサルティング会社の需要推計が、実態より三～四割多いバラ色であったこと、当時三重県が計画していた四日市、津、松阪、伊勢、志摩の五航路では、それぞれ船舶を保有しての正常な航路事業が無理であることがわかりました。そしてどのような経営形態であれば航路が開設できるかというプランを、温存していた公設民営の手法を用いて提案書にまとめました。

①船、港湾施設、駐車場を行政が手当する

②運航は一〇〇％出資の民間会社がベスト
③五航路のうち、津市の一航路であれば航路開設ができる
一〇〇％民間出資を提案したのは、第三セクターは経営責任が明確でなく、意志決定が遅く、事業経営には無理なスキームなので避けること、公設民営の基本は官と民の役割をはっきりとし、運営の補助金は出さないこと、また経営に官や議会は口を挟まないことを示唆し、これが三重県での三原則の原点となりました。

もちろん近藤市長には、公設民営にする以上、市民のコンセンサスを得ないと今後の市政が難しくなることも付言し、経営は地元の海運経験があり、信用のある企業を公募するように助言しました。基本的には、地元の公共交通は地元の事業者が運営することが望ましいのです。

しかし、地元からは海運経験のない一社の応募しかなく、地元ではないがこのプランをつくった両備グループに各方面から公募参加の依頼がありました。そして、この航路のために高速艇を市に寄付するという素晴らしい地元企業の熱意にも押されて、公募に応じる

津エアポートライン

ことにしました。結果、選ばれて「津エアポートライン」として航路開設を決意し、二〇〇五年二月、運航を開始しました。

実は、この津エアポートラインでの経営スキームが、その後、両備グループによって再生されている和歌山電鐵のモデルケースとなったのです。

多重投資による破綻

航路を開設すると、中部国際空港の開業人気と万博開催が重なって、一時的な需要増から大繁盛となり、その一時的人気を勘違いして長期的展望のない四日市航路が開設されました。この航路も居酒屋を本業とする海運事業経験の浅い会社の運営ですぐに倒産し、その影響は伊勢市にまで波及しました。

松阪航路も、二〇〇六年一二月に開設され、当初年間三万人の採算ラインの利用客を目論んでいましたが、実際は、目標の半分程度の利用客にしかならなかったのです。それで焦った行政などが、利用客増加の対策として、利用客も少ないのに航路数を増加させたため、さらに経営がピンチに陥りました。そこに原油高騰が襲いかかり、公設民営の禁じ手のはずの補助金が観光振興目的で投入されましたが、経営は好転せず、そこへ次々と一〇〇年に一度の世界大不況、高速道路定額料金一〇〇〇円制度や新型インフルエンザが襲いかかり、廃止への決意に至りました。

松阪航路との関わりは、航路開設前からでした。同航路の経営は、九州の旅客船事業者E社の出資で、地元の海運会社・松阪高速船として運航されていました。この会社が事業を開始する時、近隣航路である津エアポートラインの社長を私が兼務しているので、日本旅客船協会での理事会の折に、同社のE会長から、松阪で空港アクセス航路を引き受けるとのご挨拶がありました。

旅客船の世界は狭いので、ライバルというよりは仲間意識の方が強い業種です。ボランティアで三重県内の空港アクセス事業開設の調査・分析をした経験から、コンサルタントがつくる需要予測は、実態より三〜四割多いこと、経営になりにくい航路であることをE会長への厚意としてお話しましたが、きっと当時は同業者の防衛的発言と思われたのでしょう。結果、松阪航路は開設されましたが、半年程度で経営継続が困難となりました。松阪市に同社が窮状を話された頃から、E会長と松阪市の双方から、津エアポートラインに航路再生のお願いと、運行引き受けの打診がありました。

結局、松阪市は、航路開設に無理した市長が選挙に敗れ、航路廃止を主張した山中光茂市長に変わりました。当初航路廃止の意向であった山中市長も、港を廃止し航路を止めれば、港や駐車場などの補助金を国に返さなくてはならないことがわかり、また住民からの航路存続の要望もあり、航路再建に舵を切りました。

そのため、津エアポートラインに再建の依頼が、遠回しにありましたので、航路再生で私が示した要件は以下の如くでした。

①行政からの航路再建の正式な要請があること

三重県・松阪市から航路再建への要請があることと、三重県内伊勢湾における海上観光の振興への協力要請を受けること。

②円満な撤退であること

松阪高速船は一般債権者へ迷惑かけずに内整理すること。県・市とも一〇年契約の求償をしないかわりに、松阪高速船も損害賠償の請求をしないこと。これでE会長の九州の家業まで連鎖倒産する懸念がなくなる。

③引き継ぎ条件は、

・船舶・港湾施設・駐車場は市の設置、管理として無償で貸与の公設民営とする
・運航に係わる経営責任はすべて自己責任とし、一切運航に係わる補助を行政に求めない。また運航に関する経営には県・市とも不介入とする
・六年間航路維持を保証するのでなく、航路維持の努力をする
・松阪市の所有に係わる船舶は、修理、ドック時など両航路での融通を認めるとともに、伊勢市はじめ三重県内の港における観光振興に寄与する事業に供することを認める

・航路振興と観光振興に県・市は全面的に協力することとし、弊社もそれに応じて経営努力を傾注する

という内容でした。

松阪市の山中市長は、なかなかのハードネゴシエーターで、熱心なあまりお互いかなりの激論がありましたが、市長からの強い要望で、

①一日片便で五航海は維持する努力をすること
②二〇一六年まで航路継続の努力をすること
③船舶使用は、松阪の定期航路を維持している限り、津エアポートラインの裁量に任せること

などで、大筋了解をしたため、協定調印になりました。

津エアポートラインの松阪航路としての経営再建の要旨は、

①片道八便を五便に減便し、一便は津経由とし、津航路とのコラボレーションで津の増便メリットをはかる
②運賃を一～二割引き上げる
③松阪航路は津エアポートラインの一営業所として、電話受けや空港での窓口の一体化による効率化をはかり、管理の間接費を節減する
④予備船を津航路の検査時などの代替え船として利用することで、松阪航路は船舶保有費用の軽

減をはかり、津航路は予備船保有経費を免れるとともに検査休便がなくなり、空港アクセス事業としての利用者利便全体が高まり、一石二鳥となる

⑤予備船の使用で、両備グループの得意分野である伊勢湾での海上観光の振興を行政と一体となってはかる

ことで再生可能と判断しました。

引継ぎ当初はドック費用がかさみ、赤字予想でしたが、二〇一〇年度には黒字転換しました。

経営再建の秘訣は徹底した現場志向

なぜ、両備グループが引き受けると経営再建できるのか？

それは、徹底した現場志向に答えがあると思います。5S・AF（整理・整頓・清潔・清掃・躾と挨拶・服装・態度）を徹底的に現場教育、管理することで、輸送の品質とコスト削減ができるのです。これが両備のノウハウです。

一例を挙げると、松阪航路の開業の日に、E会長もぜひ両備の経営のノウハウを勉強したいということで、二便目に同乗してブリッジで操船状況を視察されました。そして帰りがけに、「両備さんが黒字経営になる理由がわかりました。これから九州に帰って実践します」と言って下船

されました。

その時のブリッジでは弊社のA所長が、昨日までE社の社員だった船長に、風向きや海流に合わせて船の方向とエンジンの回転数を細かく指示していました。そして到着時間の三〇秒前に着岸をして、タラップを降ろした時、見事に定刻の到着だったのです。

これが何を意味するかというと、それまでは無頓着に一定のエンジンの回転数で、定刻より二〜三分早着をしていましたが、回転数をジャストタイムに着くようにすれば、一便で二〇リッターの燃料が節約になっていたのを、その会長はしっかり見ていたのです。こんな細かいことの積み上げが、再生のノウハウの一部なのです。

もちろん、津エアポートラインも原油高騰や経済不況に苦しみましたが、独自の経営努力で開業以来黒字経営を継続しています。

本来、新設航路として設備投資をして松阪航路を開設するならば、津に集約することがベストでしょう。しかし、すでに港湾施設や船舶に公費を投じている以上、活用のベターを選択することが必要になりますし、松阪市民の皆さんの熱意に応えることが必要だと判断しました。

今回の協定にあたっては、当時の津市の松田直久市長の陰に陽にのサポートが大きかったのです。松田市長が広い心で、「津航路にマイナスでなければ、三重県や松阪市の要望に協力してあげてほしい」という寛容な気持ちが、今回の協定の背景にありました。

公共交通事業の成否を分けるもの

四日市航路や松阪航路の破綻や、伊勢市での航路開設不昧の問題となったことの原因は、

①コンサルタントの過大な需要予測を見破れなかったこと

地域公共交通の実務を知っているコンサルタントはほとんどなく、経験のないコンサルタントの考えを鵜呑みにすることは危険です。通常は、航路などの計画をすると、運航コストは計算できるので、やれる需要を逆算して、それをベースに推測するケースが多いのです。公平な事業者のプロの経験に根ざした意見を求めれば、この弊害は緩和できます。

両備グループが鉄道、バス、旅客船、タクシー、物流企業の再生の分析ができるのは、その経験が多方面にあるからです。通常大手の会社には調査・企画の専門部門があるでしょうが、地域公共交通の会社は企業規模から、その余力と人材がありません。多岐にわたる弊社でも、専門部門はありませんが、現場の人材力が豊富にあり、トップダウンのプロジェクトで調査・企画をする余力と再生の経験があるということです。

②地域エゴが同一地域に公共投資の重複を引き起こす

どこも自分の地域が可愛いので、我田引水は一面仕方がありませんが、時代が変わりました。

これからは、競争と連携が必要で、地域間競争で無理をしてまで、ない物ねだりを無理強いしてしまう問題を、断固として調整する技量が広域行政に求められます。

また、各地域は、地域の個性や特徴を活かすことで、隣にあるからうちも欲しいでなく、隣にあるなら投資せずに活用し、自分たちは近隣にないものに投資をするという、広域視野での活用をはかるべきなのです。

③行政による事業者選定のコンペの査定基準に、事業遂行の経験、能力、信用、企業力が査定されていないこと

人命を預かる公共交通を単なる費用対効果のコスト競争だけで決めるのは危険です。業種にはそれぞれ特徴があり、たとえば飲食業等の公共交通に携わったことがない企業が、鉄道、バス、旅客船などを儲け第一で運行しようとすることは大変危険で、四日市のような結果となります。しっかりした経験に根ざした信用と、継続できる企業力と経営姿勢が審査の対象項目として必要なのです。

④首長や知事との長期の口約束は危険？

知事や首長は選挙で選ばれるために、変われば政策も変わります。しかし、公共交通は長期的展望が必要で、政争の具にせず、市民のためにしっかり引き継がれることが肝要です。今回も三重県で一航路なら運航維持可能との当時の裁定が、知事が変わり、複数航路となり、多くの悲劇

が生まれました。当時の約束がどういうものであったか、引き継ぎはあったかどうかは今さらどうでもよいのですが、罪つくりな結果となったことは大いに反省すべきです。

教訓

公設民営では、官は民の運営には口も金も出さないことが大事。いざという時に自分で尻を拭ける事業者に運営は任せることが肝要。

第7章 たま駅長とユニークなアイデアで鉄道再生
和歌山電鐵

不可能と思われた再生を引き受けた理由

津エアポートラインが成功し、岡山電気軌道のＬＲＶ「ＭＯＭＯ（モモ）」が市民団体ＲＡＣＤＡ（ラクダ）のＬＲＴ普及活動もあって有名になると、両備グループへ次々に電車、バスの再建の話が舞いこむようになりました。ボランティアで再建の処方箋を作成していましたが、その中の一つが南海電鉄貴志川線でした。

二〇〇五年当時、すでに年間五億円もの赤字を計上して、南海電鉄が廃止を発表していました。廃止発表と同時に、路線存続運動として「貴志川線の未来をつくる会」が結成され、約六〇〇〇人もの熱心な会員が、「乗って残そう貴志川線」というスローガンで活動されていました。彼らから両備グループの岡山電気軌道へ熱心なアプローチがあり、

①公設民営とすること

②運営会社は第三セクターとせず一〇〇％単独出資とすること

③利便向上は和歌山電鐵内の運営委員会ではかること

という津エアポートラインで培った公設民営のノウハウを伝授しました。

この三原則を軸に、五億円の赤字を年平均八二〇〇万円以内とする案をつくって提示しました。貴志川線の鉄道用地は和歌山市と紀の川市が二億三〇〇〇万円で南海電鉄から購入し、これを和歌山県が全額補助することになりました。運営は地元企業がするように提案し、公募としましたが、不動産会社やスーパーなど八件の応募で、鉄軌道会社の応募がなく、ぜひ両備グループに応募してほしいとの地元の声に押されて応募した結果、我々が運営することになりました。

実際に不可能と思われた再生を決意した背景には、公設民営のスキームづくりに協力してくれた行政の努力と、会社幹部のしっかりした分析、私自身が社員にも極秘で貴志川線に乗って、各駅を降りて歩き回って得た情報での確信があったからです。

覆面視察で見抜いた再生の可能性

覆面で視察に行って、和歌山駅で貴志川線のホームに降り立った時に、窓口で二人の駅員が暇そうに煙草を吸って大声で話をしていて、その猫の額のようなホームを外注と思われる清掃員三名で掃除をしていたのを目の当たりにして、合理化の余地を直感しました。

現場での覆面視察で、

①人件費コストは半分にできること
②鉄道に平行する道路環境がL字クランクの道が多く、渋滞が頻発する形状であり、定時性を確保できる交通手段として電車が有利なこと
③地域開発の手が止まってしまっていて、取り付け道路が狭く、駐車場や駐輪場の確保も難しい状態だが、まったく営業努力の跡が見られないので、手を打つ可能性が見えること
④住民の多くはマイカー通勤で、五〇〇メートルも離れてヒアリングをすると、まったく鉄道の存在を意識していない状況だったこと
⑤西日本最大の「三社参り」が忘れ去られていたことから、観光掘り起こしの可能性が見えたこと

などがわかりました。

駅周辺が開発されていない、市民はマイカー通勤で駅から少し離れると鉄道の存在さえも意識されていない、乗客は少ない等々を見ると、通常マイナス評価をするでしょうが、私はむしろプラスと評価したのです。

この路線に鉄道会社の力が入らないのは当然です。本線の南海電鉄和歌山市駅から離れて相乗効果がなく、乗客が減って赤字が増える路線だったために、投資意欲はまったく湧かなかったのでしょう。しかし、再建する側から見ると、本気で経営努力をして頑張ってきた路線では、むしろ努力の余地が少ないのです。開発から取り残された地域だからこそ、住民から忘れ去られた鉄道だからこそ、今後、努力する余地があるのです。

問題は、経営がしっかりしている鉄道会社が、一部路線の赤字を改善してほしいと地域の行政や市民に訴えても、相手にしていただけないことが多いのです。どの鉄道会社も、路線維持は当然したいのですが、赤字の運営はできません。それで窮状を訴えると、地域の発展に協力しない会社とレッテルを貼られ、憎まれこそせよ、助けてくれる機運は生まれないのです。この傾向は残念ながら、地元・岡山でも同じです。ですから、廃止する選択肢しかなくなってしまうのです。貴志川線のみならず、後に再生した中国バスでも地域から憎まれていましたし、我々の本拠地・岡山でも、経営の成り立たない鉄道やバスを必死に経営して、路線を維持しているなどとは誰も気づいてくれません。「両備さんは儲かっているのだろう」という程度の認識です。全国の地方の公共交通の経営者は同様にやるせなさを感じながらも、地域公共交通を必死に守っているのです。

忘れ去られていた地域の魅力

もともと貴志川線は神社参りのために敷設された鉄道ですが、沿線にあるのは全国でも稀な素晴らしい神社ばかりで、さすが西日本最大の三社参りの土地柄だと言えます。ところが、戦後、伝統的な宗教や行事が忘れ去られていって、私が住民にヒアリングをした際にも、素晴らしい神社であることをご存じの地元の方は甚だ少なかったのには驚きました。

三つの神社の一つの竈山《かまやま》神社は、神武天皇のお兄さんの彦五瀬命《ひこいつせのみこと》が亡くなられたところに建てられた神社（現在は少し移転）で、村社から戦前では最も位の高い官幣大社まで昇格した唯一の神社で、いわば出世の神様とも言えるでしょう。もし、この神武天皇のお兄さんが戦死しなかったら、その方が初代の天皇になっていたとも考えられ、本当に凄い神社です。

創建二六〇〇余年の日前《ひのくま》神宮・國懸《くにかかす》神宮は、同一境内に二社の旧官幣大社がある全国でも珍しい大社です。両大社の御神体は、天照大御神《あまてらすおおみかみ》が天の岩窟に御隠れになられた際につくられた三つの鏡のうち最初と二番目の鏡だそうで、そのことは「日本書紀」に記されています。伊勢神宮に次ぐ明神大社に列せられている格式の高い神社です。また古くから紀伊国一宮として一般の人々からも崇敬を集め、両神宮の総称を「日前宮《にちぜんぐう》」とし、親しみをもって呼ばれています。伊太祁曽《いだきそ》神社の御祭神・五十猛命《いたけるのみこと》は日本国中に木を植えた神様として崇められていて、実に本国経営の祖神であり、紀伊国一宮です。まさに木を植えて環境良化した神様です。この伊太祁曽神社には、悪神に追われた大国主命《おおくにぬしのみこと》が五十猛命の手助けで、木の股くぐりをして助かったという伝説もあり、境内にその木の股くぐりができる大きな木が置いてあります。

その他にも名だたる神社が点在していて、まさに西日本有数のパワースポットなのです。

本物の市民運動の存在

そして何よりも、

①市民運動が上滑りでなく本物であること

②国、県、二市（和歌山市、紀の川市）の行政の協力体制がしっかりしていたこと

③地域がわずかながらも人口増加地帯であったこと

を確認できたことが、再建の意志を固めた理由です。

そして、南海電鉄さんが、親身になって運転手教育や保線や電気系統のメンテナンスにご協力してくださったことも大きな後押しになりました。普通は、止める鉄道の再建に快く協力してく

れる鉄道事業者は少ないのです。このことはぜひ地域の皆さんもしっかり心に留めておいてほしいのです。

廃線の決定と同時に誕生した市民団体「貴志川線の未来をつくる会」は、濱口晃夫会長以下約六〇〇〇人の会員を誇り、「乗って残そう貴志川線」という名文句のスローガンで頑張っていました。全国でも行政がこの種の会をつくられていることが多いのですが、この貴志川線の存続運動は、民間主体で、それも皆さん一〇〇〇円の会費を払われ、手弁当で汗をかきながらの本物の市民活動でした。

貴志川線の未来をつくる会のメンバー

行政主体の存続運動は、基本的に利用者でない市民が中心になるケースが多く、利用者としての切実感がありませんから、行政が予算をつけなければすぐ雲散霧消してしまいます。市民運動が本物かどうかの見極めが再生の場合には大事です。補助金をいただいている各種市民団体は、行政の要請で存続の陳情や運動の動員に協力してくれますが、その声は本当の利用者の声ではありません。この種の世論形成で、行政主体で存続しようとした地域公共交通の多くが失敗しています。

「知って、乗って、住んでもらう」戦略

和歌山電鐵として再生する私の戦略は、「知ってもらう」「乗ってもらう」「住んでもらう」のホップ・ステップ・ジャンプです。まず住民の皆さんや和歌山県民に和歌山電鐵を知ってもらうことが第一です。知ってもらったら今度は乗ってもらい、観光開発と地域開発でお客様を増やします。そして沿線の知名度をあげて住宅開発をして定住によって人口を増やしていかなくては、地域公共交通を残せないのです。

そして存続には、「日本一心豊かなローカル線になる」ことを目標としました。

コストダウンの要は、公設民営と人件費削減が主体になります。

ではどうやって人件費コストを下げるのか。鉄道は闇雲に人員を減らせば、安全とサービスに悪影響を及ぼします。ならば、どうやって安全やサービスを確保しながらコストダウンするか。それが、「両備グリッドシステム」という私が命名したノウハウです。簡単に言えば、八時間働く仕事割をつくれば、縦割りの仕事の約七割の人員で済み、大手の人件費でなく、地域の人件費なら和歌山県ではざっと大手の七割程度の給料で済み、〇・七×〇・七＝〇・四九で、ちゃんと人件費は五割以下になるのです。地方の鉄道は、朝晩の通勤通学の時だけ忙しく、日中暇なので、こ

の繁閑の差が大きいところを、どうやって社員に仕事をつくって活性化するかがポイントです。ピークの人員を一日中待機させていたら、日本中の地域交通はコスト高で倒れます。

安全を一番に考えたコストダウンの一例を挙げますと、初代の常務取締役への発令は「朝晩は乗る方の乗務、暇な昼間は常の方の常務を命ずる」としました。彼は両備バスの西大寺営業所の所長でしたが、管理能力とやる気を買い、あえて鉄軌道の経験のない者を選びました。過去の経験がかえって仇になっては、理想の鉄道会社ができないからです。彼は五〇歳を超えて、電車の甲種免許をとり、実際に乗務もしてくれました。

発令の文面からもおわかりのように、現場は直接人員が中心で、常務自らが運転して安全体制のチェックをして、かつコストパフォーマンスが良いスリム化した組織という点が特徴です。一四キロ程度の鉄道は、一営業所のような組織で、そこに社長、専務、常務などの大幹部が常駐していたら、その役員報酬と管理コストで再建は不可能です。ですから、常務といっても、汗をかく存在で、社長、専務は和歌山電鐵では無報酬で、岡山電気軌道との兼務です。簡単に言えば、岡山電気軌道の一営業所として別会社経営にして、管理コストを軽減しているということです。

和歌山電鐵の再生が順調に進んでいる要因は、市民団体の熱心な協力と、県と二市がしっかりまとまり、応援してくださっていること、年間約八〇件ものイベントを開催し、いちご電車・おもちゃ電車・たま電車という魅力ある電車の相次ぐ投入で注目を集め、全社員の努力と、今ではすっかり有名になった「たま駅長」の存在が大きいといえます。

再建の看板となった三毛猫たま駅長の活躍

たま駅長は、もともと、貴志駅の隣の売店の飼い猫でしたが、住処が公道に置かれており、まさに和歌山電鐵オープンの二〇〇六年四月一日に町から猫小屋の撤去が言い渡されたのです。困られた飼い主のKさんが、ちょうど朝一番のセレモニーが終わったその時、「社長さん、社長さん」と追いかけてこられて、三毛猫「たま」の住処の駅舎移転を懇願されました。

「うちのたまは男の子なら三〇〇万円する三毛猫で、女の子だけれど一〇〇万円はするのよ」と素晴らしい魅力ある三毛猫だと力説されるその飼い主の熱意もあり、一目見た瞬間に「この子は貴志駅の駅長だ」と閃きました。それほど一目見た時のたまちゃんの存在感と目力は凄かったのです。

人間の頭というものはスパコンより早いもので、「経費節減で始終点を無人駅にしなくてはならないことが心の中で寂しかったこと」や、「理由なく動物を公共の場に置くとお客様や社員の中で嫌がる方々が出ること」などが頭をよぎり、どうするか、どうするかと迷い、両備グループの経営理念でもある「忠恕《ちゅうじょ》」（真心からの思いやり）の精神がクルクルと脳内を巡って、なんとか助けてあげたいという気持ちで咄嗟に閃いたアイデアでした。

そこで飼い主のKさんに「両備グループは甘くありませんよ。家賃を払ってもらいます」と言いました。Kさんは怒って、「猫のたまにどうやって家賃が払えるのですか」とまったく自分が払う様子はありませんでした。「たまに働いて払ってもらいます」と私が言うと、「猫のたまがどうして働けるのですか」とさらに怪訝そうに言われるので、「たまに駅長になってもらいます」と言いました。途端にKさんは満面の笑みを浮かべ、「うちのたまが駅長ですか？　嬉しい！」と即座に快諾してくれました。

人々を魅了するたまちゃんの目力

ちょっと離れたところにI専務がいたので、すぐに制服・制帽をつくるように指示しました。専務はまた社長の物好きが始まったというような顔をしましたが、社長命令なので、渋々承知してくれました。しかし、半年過ぎても制服・制帽ができないので、専務に「制服・制帽はどうなったのですか？」と聞くと、「ちょっと待ってください」と言って逃げ回っていましたが、なんと年末にやっと小さな帽子一つを持ってきて「これで勘弁してください。三台もミシンを壊して、帽子屋さんは二度とつくらないと言っています。制服

世界初の三毛猫の駅長就任式

は断られました」と言ったのです。

正直私は呆れました。猫の被り物はいくらでも世の中にはあって、フェルトでつくればすぐにできるじゃないかと思ったのですが、鉄道マンはみな真面目ですから、私が制服・制帽と言ったので、本物をつくろうとしたのです。しかし、この律義さがかえって良かったのです。ペットの被り物のような制帽では、たまが本物の社員（駅長）という雰囲気は出なかったでしょう。

正社員の駅長にすれば、お客様も社員もたまが駅にいることに文句が出ないだろうと思い、翌年の二〇〇七年一月五日に発令をしました。付近の皆さんに周知をはかるために、ホームページでたま駅長の就任式を発表したところ、当日私が電車に乗って貴志駅に着くと、なんと小さな駅が人混みで一杯です。何事かと思ったら、私の降りてくるところを満面の笑顔でたまちゃんを抱いた飼い主のKさんとマスコミの皆さんのカメラの放列が待ちかまえていて、事態が呑み込めました。

多くの方々にお集まりいただき、世界で初めての三毛猫の駅長就任式が行われました。大勢のマスコミの方々が、たま駅長についての愉快なインタビューをしてくれたなかで、あるテレビのキャスターがちょっとピリッとした質問をしてくれました。「社長さん、猫の駅長がどんな駅長業務をするのでしょうか?」私は「来たな!」と思いました。しょせん猫の駅長はマスコットであって、駅長の仕事なんかできっこないでしょうという意味がこもっていると咄嗟に感じました。ここでただのマスコットと言ってしまったら、たま駅長に失礼なので、「この貴志川線はお客様が少なくて廃線の憂き目にあい、再生することになったのです。したがって、たま駅長の仕事は〝客招き〟です」と招き猫の手を挙げた仕草をしたところ、カメラを担いでいるテレビ局のスタッフさんたちもどっと笑われました。その晩、インタビューが全国放送されて、あれよ、あれよと「客招き担当」駅長は、全国の人気者になりました。

たま駅長の超出世物語

そして、たった一年でたま駅長は課長職に相当する「スーパー駅長」に昇格し、和歌山県に年間一一億円の経済効果を招いたということで、仁坂吉伸知事から「和歌山県勲功爵」の称号をいただきました。助けようと思ったら、逆にこちらが助けられることになったというわけです。二〇一一年の正月には知事から客招き大明神に列せられ、現在は和歌山電鐵の常務執行役員です。

ここでは、たま駅長の出世物語を、当時、私がホームページに載せたメッセージからダイジェストで紹介します。

〈三毛猫〝たま〟を駅長に　2007年1月5日〉

二〇〇六年四月の開業日に駅長に任命すると決めて、それから、駅長の帽子やら、駅長室の準備やらで、この一月五日の任命式になりました。年末年始の和歌山電鐵は、まさに猫の手も借りたい忙しさで、ジャストタイミングでした。

三毛猫〝たま〟が駅長で、たまの母〝ミーコ〟と同居の〝ちび〟が助役です。

お仕事は主に「客招き」です。

ぜひ、たまちゃん、ミーコ、ちびの仕事っぷりを見に、和歌山電鐵の貴志駅においでください。

手招きして駅長たまがお待ちしています。

〈たま駅長が〝スーパー駅長〟に特別昇進　2008年1月5日〉

たまちゃんパワーには、びっくりしました。

二〇〇七年一月五日に「客招き担当」として三毛猫のたまちゃんを貴志駅駅長に任命して以来、大活躍で、まさかお客様が一〇％以上増えるとは、想像もしませんでした。

まさに〝たまちゃん様々〟で、〝たまたま〟の大ヒットです。

就任一周年を記念し、この一年間の貢献に感謝して、このたび特別昇格として課長職の「スーパー駅長」に任命することにしました。

たまちゃん、スーパー駅長に昇進

昇格祝いは、新しい駅長室の新設（後日）と、スーパー駅長を示す金線入りの帽子と、スーパーの〝S〟の字の入った駅長バッジです。私の個人としてのお年玉は干支のネズミの猫じゃらしと、カニカマスライスです。

昇格式は、これが地方鉄道の駅かと思わせるような賑わいぶりで、お祝いに駆けつけてくださったお客様と、全国から来られたマスコミの皆さんの取材でごった返しておりました。大橋建一・和歌山市長も、個人として駆けつけてくださいました。

たま人気にはまったく〝TAMAげた〟です。観客のあまりの人いきれに、たまは緊張のあまりか、カニカマスライスはちょっとしか食べませんでしたが、ネズミの猫じゃらしには猫パンチを浴びせ、ご機嫌でした。

この勢いで出世すると、ひょっとして社長になるかも…。

〈たまスーパー駅長の駅長室が完成　２００８年４月20日〉

たまちゃんは二〇〇八年一月五日に、二〇〇七年一年間の売り上げを一〇％伸ばすという素晴らしい業績貢献により、平社員から課長職の「スーパー駅長」に昇進しました。普通ですと昇格に伴う昇給をするのですが、報酬を「キャットフード」で払っていますので、少しメタボ気味で健康に留意するため、特別に駅長室を新設するということで、今日の竣工式になりました。ちなみに和歌山電鐵には、社長にも社長室という個室はありませんので、たま駅長は別格です。

当初、そうは約束したものの、元赤字路線の再建途上である地方鉄道ですから、駅長室の建設資金をどう捻出するか、思案投げ首だったのです。

しかし、さすがに福招きのたまちゃんです！　昇格発令の数日後にＤＶＤの映画の出演が決まり、なんと自分で稼いでつくってくれました。駅長室の工事も和歌山電鐵技術課のＭさんが得意の大工の腕をふるってくれて、破格に安くつくることができました。スーパー駅長たまちゃんが役務で疲れた時に、ほっとひと休みでき、リラックスできる駅長室になれば幸いです。

また、今日は、今回の駅長室のデザインもご担当いただいた、いつも大した収入にならないのに、わがことのように和歌山電鐵をデザイン面でサポートしてくださっている両備グループ・デザイン顧問の水戸岡鋭治さんも、東京から駆けつけてくださいましたので、プロデュースいただいた「スーパー駅長たま」のキャラクターの発表会も併せてさせていただきます。今日からは、配布している時刻表もスーパー駅長たまちゃんのキャラクター付きです。全国の皆様も、ぜひスーパー駅長〝たまちゃん〟に会いに、貴志川線にご利用の上、貴志駅に来ていただき、たまちゃんとともにこの和歌山電鐵をしっかり支えていただけたら幸いです。

〈たまスーパー駅長がフランス映画デビュー　2008年5月16日〉

外国のテレビ、新聞にも取り上げられ、たま駅長も国際派になってきました。今度は、遂にフランス映画の女優デビューです。まあ本当に凄い活躍ぶりです。

世界の猫を取り上げて、猫の目を通して人間に自分の姿を見てもらうこと、最も個人主義的な動物として人間社会を描くことを目的とした映画だそうです。猫の姿を通して今現在を生きる人間たちを理解しようという試みのドキュメンタリーのようです。日本ではたまちゃんが、世界で今、一番有名な働く猫とのことで選ばれました。今回の映画は、アニメーションとの合成映画で、たまは職業を持った猫として重要な役どころで、アニメの猫と共にイギリスに渡るそうです。

私もたまのついでにインタビューを受けて、世界の男優デビューです。もっとも、たまの引き立て役ですが…。

ヨーロッパの文化チャンネルなどで活躍するドキュメンタリー映画監督で、美人のミリアム・トネロット女史が本当にテキパキと撮影をしてくれました。

フランス映画「ネコを探して」撮影風景

彼女によると、イギリスの国営鉄道では二〇〇匹の猫が飼われていましたが、民営化のコスト削減でみんなクビになったそうです。鉄道は穀物を運び、こぼれた穀物でネズミが増えるため、猫のお役目はネズミ取りだったのですが、クビにした途端にポイントにネズミが挟まって、脱線事故を起こし、猫の必要性が見直されて、全猫が再雇用になったそうです。やはり猫は鉄道の守り神なのです。

たまちゃんの活躍に撮影クルーの皆さんも大感激でした。たまちゃんは個人主義でなく、みんなと頑張っているのが彼らの驚きでした。

ミリアム・トネロット監督は、ストラスブール大学講師（映画製作講座担当）で三九歳（当時）。監督に和歌山電鐵の感想をうかがってみたところ、「たまは楽しい環境で働いている。赤字でありながら、たまも手伝って、おもちゃ電車やいちご電車といった取り組みも、鉄道会社と地域の活性化を目指すお手本となっている。路線としても大池遊園付近は『千と千尋の神隠し』の映画を彷彿とさせるものがある素晴らしいところ」とのことでした。

この映画「ネコを探して」は、アルテ・テレビ（ヨーロッパ文化チャンネル：衛星放送）で、フランス、ドイツで放映され、劇場でも公開されました。日本でも二〇一〇年に全国で公開されました。

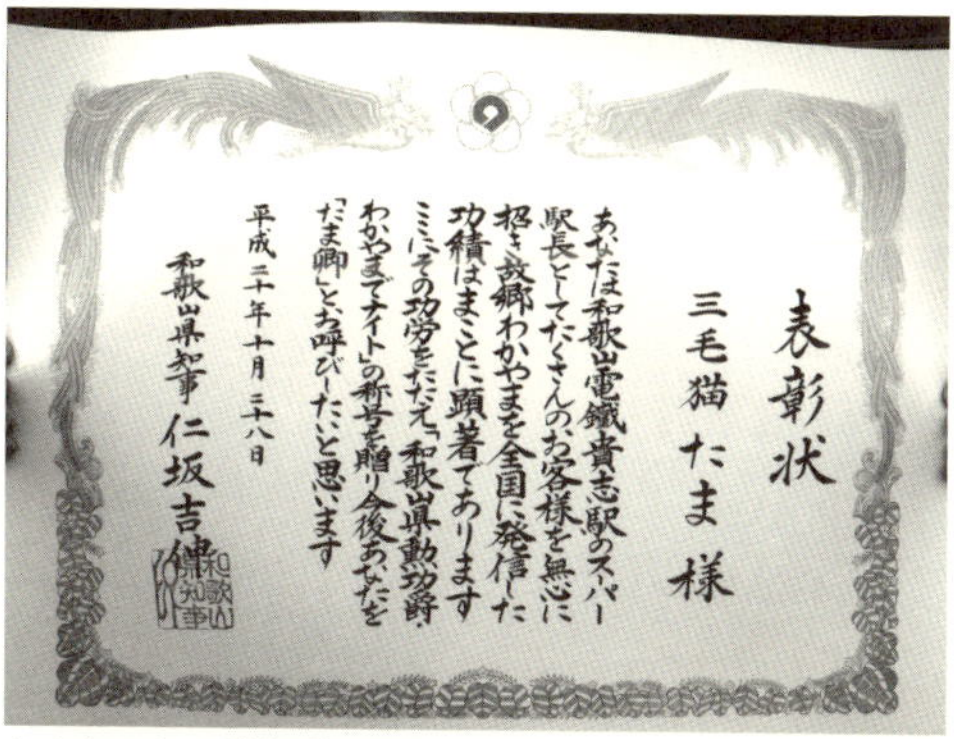
表彰状
三毛猫たま様
あなたは和歌山電鐵貴志駅のスーパー駅長としてたくさんのお客様を無心に招き故郷わかやまを全国に発信した功績はまことに顕著であります
ここにその功労をたたえ「和歌山県勲功爵・わかやまでナイト」の称号を贈り今後あなたを「たま卿」とお呼びしたいと思います
平成二十年十月二十八日
和歌山県知事　仁坂吉伸

たまちゃん、勲侯爵を授与される

〈たまスーパー駅長が〝たま卿〟に　2008年10月28日〉

二〇〇六年四月一日に和歌山電鐵貴志川線の再生を開始しましたが、お蔭様で市民団体や行政の皆様の熱い応援や「いちご電車」「おもちゃ電車」のヒットのうえに、たま駅長が和歌山電鐵のまさに客招き猫となり、順調に乗客も増加しています。そしてわが駅長たまが、地方鉄道再生のシンボルと言われるようになりました。和歌山県を代表するスーパースターになり、和歌山県のイメージアップと観光誘客にお役に立つだけでなく、日本を代表する働く猫として世界に情報発信することもできました。

まさにたま駅長は和歌山電鐵の掌中の珠となっただけでなく、今回の勲功爵の授与により、知事が仰ったように、「たま様」「たま卿」と呼ぶように致します。瞬く間に一社員から幹部社員に、また貴族

（和歌山県ですから〝紀族〟か〝木族〟ですか？・）の仲間入りで、まったくサー大変なたま様です。

スーパー駅長たま様も「ありがとニャン」と言っていますので、この感謝の気持ちの猫語を翻訳してごあいさつに代えます。ありがとうございました！


〈たま卿にマントを授与　2009年1月4日〉

駅長に就任してから素晴らしい客招きで地方鉄道再生の立役者になったたまちゃんは、たった一年で課長職のスーパー駅長に異例の昇進をしました。

昇進するや、そのスーパーぶりを発揮して、フランス映画に出演したり、アメリカ、中国などでその活躍が紹介されたりと、和歌山電鐵の客招きのみならず、和歌山県の観光客誘致にも貢献し、その経済効果は一一億円と発表されました。そして、仁坂吉伸・和歌山県知事から勲功爵の第一号を受賞しました。まさに快刀乱麻の活躍です。

たま勲侯爵、マントと帽子飾りで正装

本日は、両備グループの「二〇〇九年客招きトップランナー賞」として、勲功爵に相応しいイギリス貴族のガーター勲章に倣い作成したマントと帽子飾りを授与したいと思います。鉄道のスーパー駅長に贈りますので、ガーターならぬガタゴト勲章ということになりましょうか。

マントは紺色のベルベット生地で仕立て、肩には紋章として和歌山電鐵のイチゴがデザインされています。帽子飾りには岡山県のダチョウ牧場から特別に譲っていただいたダチョウの本物の羽毛を使っています。マントと帽子、これで勲功爵・スーパー駅長たま様に相応しい出で立ちになりますし、駅長として式典に出席する際の正装にもなります。

今日の良き日にもう一つ嬉しい話があります。二〇〇八年、和歌山電鐵に総合学習に訪れた和歌山大学教育学部附属中学校の生徒の皆さんが中心になって、一年生一六〇人全員から一人一〇〇円の募金を集めてくださり、「たま電車」のサポーターとして式典会場に届けに来てくれました。一学年全員とは初めてのことであり、みんなのお小遣いから出してくれた本当に心温まる資金です。未来を担う子供たちの応援に力づけられます。

水戸岡鋭治さんがデザインする、乗ってみたい電車

和歌山電鐵の「知ってもらう、乗ってもらう、住んでもらう」という再生戦略の第一が、「乗ってみたい電車づくり」です。この和歌山電鐵のリニューアル列車のデザインは、すべて水戸岡鋭

治さんによるものです。水戸岡さんは、言わずと知れた九州新幹線「ツバメ」や、岡山電気軌道の一〇〇％超低床式路面電車「ＭＯＭＯ（モモ）」で日本鉄道賞や数々の賞を受賞されている、岡山県出身のデザイナーです。

◆「いちご電車」登場！

和歌山電鐵設立一周年のグランドオープンとして、再生のスキームの中では予算はありませんでしたが、新しいイメージと熱意を示すために、「いちご電車」の企画をしました。

私は、一度乗っていただいたお客様が貴志川線のファンになっていただく「一期一会」にかけてみました。新しい電車のデザインは、貴志川特産である〝いちご〟をテーマにしました。和歌山県、和歌山市は紀州、すなわち木の国ですから、床材をナラの木の無垢材を使用し、つり革、ベンチシートや家具など、およそ今まであまり木を使わなかったところまで、ふんだんに木を使って、木の神様の国にふさわしい仕様にしました。

通勤通学用の車両のリニューアルにこれだけの夢を乗せた電車は珍しいと思いますし、「乗ってみたい電車」として、和歌山県の名物の一つになればと思っています。

このいちご電車のサポーターを募集しましたら、一五〇〇名以上の方にご応募いただき、その金額は七〇〇～八〇〇〇万円に迫るものでした。貴志川線への期待の大きさがわかると思います。

いちご電車（撮影：竹本仁）

このいちご電車は皆さんの熱い思いを乗せて二〇〇六年八月、運行をスタートしました。

近い将来、このいちご電車で、ビアパーティなどの催しや、コンサート、貸切りでの結婚式などもしてみたいと思っています。また、貴志駅に「いちご神社」をつくり、おみくじなども引けるようにしたいと思っています。

◆「おもちゃ電車」発進！

「いちご電車」に続く第二弾として、世界で初めて、もちろん日本で初めての「おもちゃ電車」を企画しました。この電車が生まれたのは、W常務がラッピング電車の営業をしていて、地元でおもちゃのインターネット販売をしているT社のT社長に出会ったことがきっかけです。

T社長はこの和歌山電鐵の沿線で育ち、電車に強い愛着を持っておられます。それで、貴志川線のために「ガンダム電車」で五年間広告支援したいというお申し出をいただき、デザイン顧問の水戸岡さんに相談したところ、いちご電車の弟にふさわしい電車としては、ガンダムより「おもちゃ電車」だということになりました。

最初は広告収入で、貴志川線の経営の一助に…と思いましたが、いちご電車の第二弾にするにはそれなりの電車が必要ということで、五年間の広告収入を前倒しして投資して、思いきってつくりました。

おもちゃ電車

真っ赤なボディの外観のデザインだけでなく、内装にもこだわり、乗って楽しい電車ができあがりました。おもちゃの展示場やガチャガチャマシーンでの販売、それもこの電車でしか売っていないおもちゃも用意しました。子供はもちろん、三世代で楽しめる電車「おもでん」は、二〇〇七年七月、運行を開始しました。

明日を担う子供たちがこの「おもでん」に乗って、夢を膨らませ、この地域に愛着を持って育ってくれたら、という思いを込めた電車です。

◆「たま電車」出発!

第三弾の「たま電車」のアイデアは、「おもちゃ電車」の次の構想として、私が心密かに思っていたものです。それが確固たるものになったのは、二〇〇八年一月にたま駅長がスーパー駅長に昇進した時です。「たま電車」をつくろうとみんなに相談し、水戸岡さんにたま電車のデザインの依頼をしました。

列車には一〇一四のたま駅長が走ったり寝転んだり、見ているだけでも笑顔になる可愛さ満点の外観です。リニューアルの費用は国内外から寄せられた「たま電車サポーター」の支援や寄付などでまかなわれました。

二〇〇九年三月に運行を開始したたま電車には隠し〝たま〟(玉)が二つあります。一つはたま

たま電車

ちゃんが自分のお小遣いで一万円寄付して、サポーターとして電車の名盤に載っていることです。これは自分のお年玉などを貯めたお金を寄付したもので、たまちゃん自身のお金です。もう一つはたまちゃんの鳴き声が車内放送に入ります。

鉄道再生後の嬉しい出来事

◆数々の表彰をいただきました！

こうした取り組みによって、和歌山電鐵では引き継ぎ前に年五％の利用者減少傾向であったのが、初年度の二〇〇六年度に平均一〇％の増客となりました（図1、2）。その後さらに利用者が増え、三年目には改装車両が二両となり、たま駅長人気とあわせて、一四〜一五％の増客を達成。貴志駅のリニューアルのための工事や自然災害等がありながらも、現在も引き継ぎ時より、約一三％増を維持できているのは、地方ローカル線の再生としては異例の状況との評価をいただいています。

そういったことから、二〇〇九年五月、仁坂吉伸・和歌山県知事から表彰していただきました。受賞理由は、「地域一体となった事業運営や、三毛猫・たまを民間鉄道では全国初となる猫駅長として任命した他、今までにないユニークなアイデアで日本だけでなく、世界的にも話題を呼ぶなど、和歌山県の地域おこしに多大な貢献をした」ということで、心から有難く思いました。いろいろ事業の再生をお引き受けしていますが、この和歌山県くらいやりがいを感じ、感動した県はありません。

和歌山電鐵の取り組みは、まさに奇跡といえる結果を地域にもたらしていますが、この奇跡を起こした要因は産・官・民の素晴らしいチームワークのお蔭であると思っています。足の引っ張りあいをするのでなく、みんなが協力すれば地域は栄えるということを証明できた事業をさせていただいていることにむしろ感謝し、誇りに感じています。きっと和歌山県でもこの種の感動は数少ないかもしれませんが、この再生のスキームを活用すれば、和歌山県だけでなく、日本各地の地域が活性化すると信じています。

さらに、二〇〇九年七月、和歌山電鐵貴志川線・地域公共交通活性化再生協議会が、地域公共交通活性化・再生優良団体として国土交通大臣から表彰していただきました（図3）。表彰理由は、「さまざまなアイデアと創意工夫を活かした取組みにより鉄道の活性化を図るなど地域公共交通の活性化・再生に積極的に取り組んだこと。」

表彰式には大橋建一・和歌山市長と中村愼司・紀の川市長、貴志川線の未来をつくる会代表と、和歌山電鐵のI専務と私が出席しましたが、久しぶりに感激しました。というのも、今回の表彰制度は「地域公共交通の活性化及び再生に関する法律」によって設けられたものだからです。私

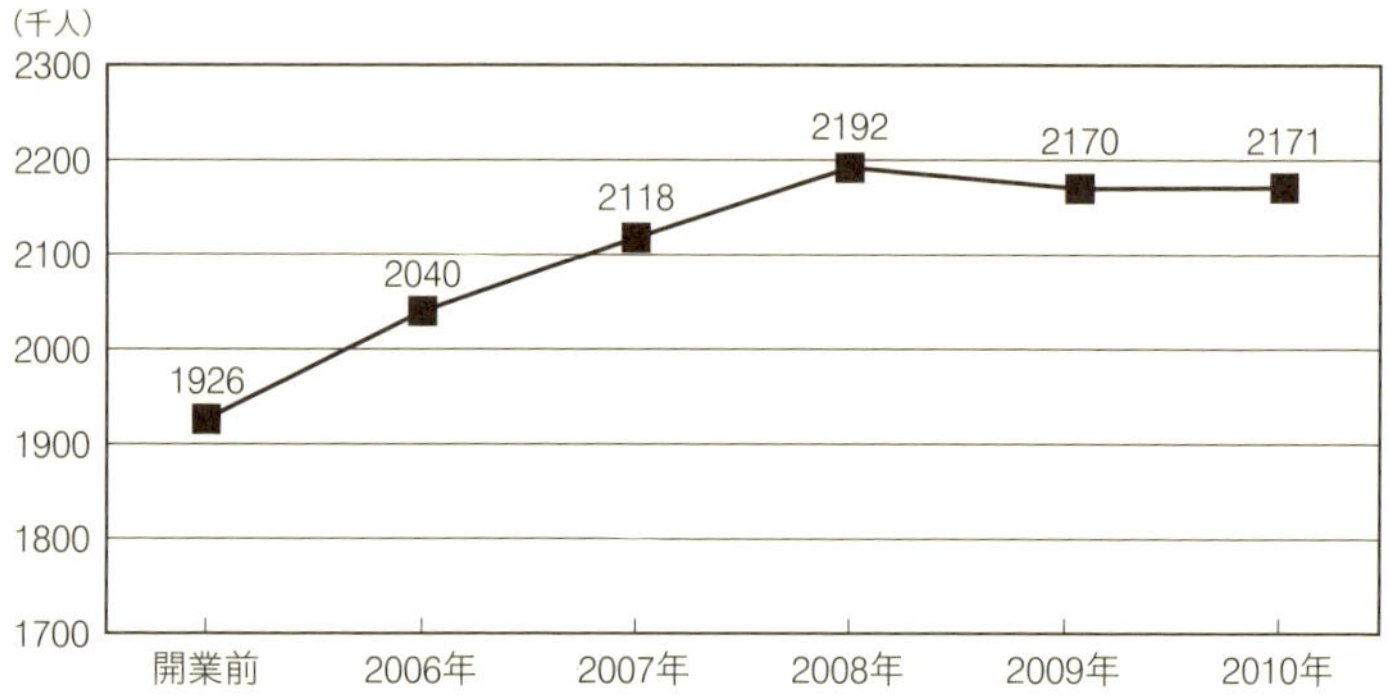

図１　和歌山電鐵の輸送人員の推移

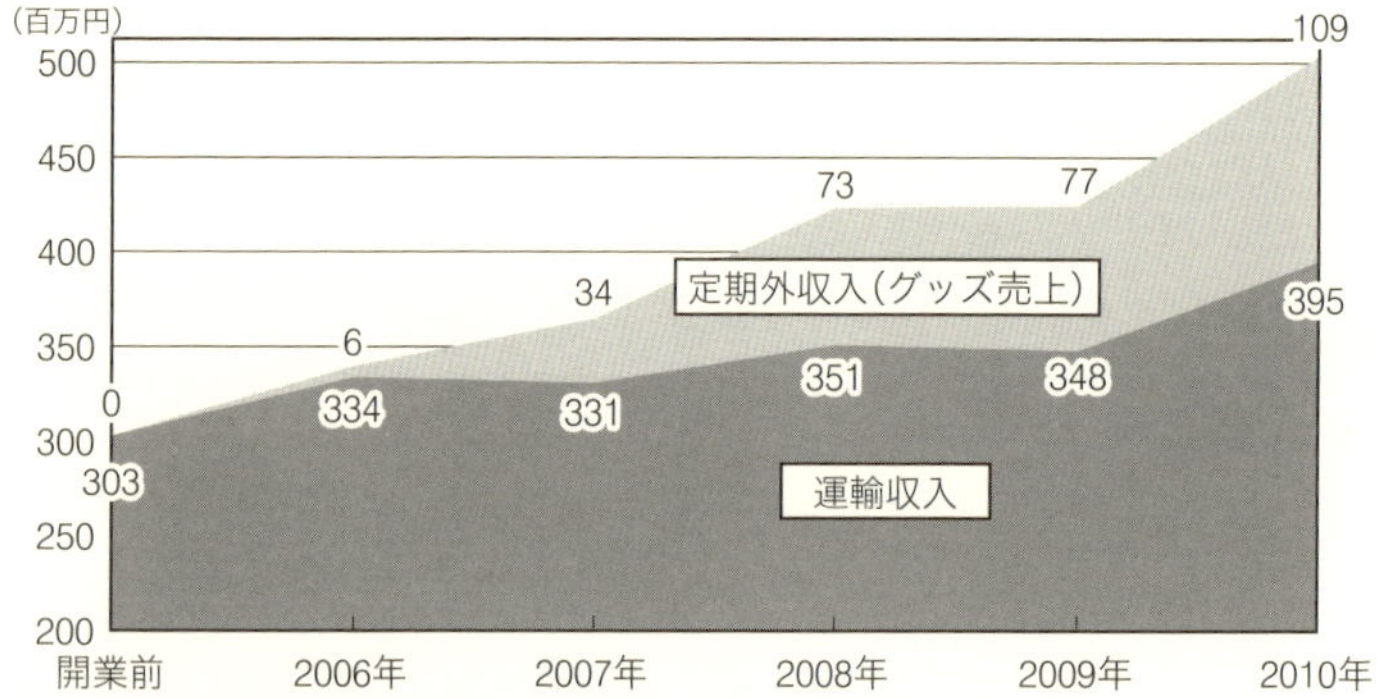

図２　和歌山電鐵の運輸収入の推移

住民代表（貴志川線の未来をつくる会、わかやま小町等）
沿線の学校代表　教員代表（和歌山東高校校長）、保護者代表（貴志川高校 PTA 会長）、生徒代表（和歌山東高校生徒会長）
和歌山県企画部地域振興局総合交通政策課
和歌山市総務局企画部交通政策課
紀の川市企画部政策調整課
和歌山商工会議所
貴志川町商工会
和歌山電鐵株式会社

図3　第１回　地域公共交通活性化・再生優良団体として国土交通大臣から表彰された和歌山電鐵貴志川線・地域公共交通活性化再生協議会メンバー

はその法律ができる経緯（第9章参照）から知っていましたので感慨もひとしおです。

高校生がつくってくれた TAMA せんべい

◆和歌山県内の高校生によるＴＡＭＡせんべいの開発

以前、全国商業高校全国大会和歌山大会に招かれて、持論の「五育のすすめ」をお話に行きました。「五育」とは、知育・徳育・体育に加え食育と家育を加えたものです。核家族化による家庭での躾教育の弱体化と、食生活の知識不足や生活習慣の乱れは驚くばかりです。

その会場で和歌山県内商業教育実施校（一五校）の統一ブランドである「なごみあきない」で、あられが発売されていることを知って、たまちゃんせんべいの商品化を提案しました。そして、二〇〇九年七月一一日に「スーパー駅長ＴＡＭＡせんべい」として発売になりました。

そのお礼にと、わざわざ岡山まで和歌山県立和歌山商業高校のＳ先生と笠田高校のＩ先生が私のオフィスを訪ねてくださって、このたまちゃんせんべいをつくる過程で、多くのマスコミの方々がその取り組みを取り上げてくださって、生徒たちが誇りを持つようになりましたと嬉しい報告をしてくださいました。次代を担う若者たちが、たまちゃんをテーマに商いの勉強に夢を膨らませてくれたということは、最高の喜びで、仕事冥利、講演冥利に尽きます。

◆猫の顔をした〝たまステーション〟貴志駅完成

電車のリニューアルに続いて貴志駅のリニューアルの話が出てきました。正直大いに迷いました。戦前からの、地域の思い出を残すか、それとも新しいコンセプトで駅をつくるかを思案した結果、たまスーパー駅長に相応しい駅舎であり、木の国・和歌山県の紀の川市の表玄関に相応しい駅舎をつくることにしました。

私が水戸岡鋭治さんにお願いしたのは、たった二つです。

①たま駅長にふさわしい駅舎であること
②和歌山県産の檜皮葺《ひわだぶ》きにすること

水戸岡さんは、エコでネコロジーをテーマに擬猫化された素晴らしいデザインを考えてくれました。建物をハコモノと言いますが、この箱はたまをモデルにした駅舎としてだけでなく、たまの駅長室、たまカフェ、たまギャラリーやお社など、まさに「たま(玉)手箱」です。檜皮(ヒノキの皮)をはじめ和歌山県産の地産地消の自然素材を中心に使用する、世界に二つとない駅舎です。

この新しい貴志駅は、たまスーパー駅長が執行役員になって、本来は役員報酬が出るのですが、世界で一つのたまステーションをプレゼントするということにしました。

猫の顔をした貴志駅の駅舎「たまステーション」

たまステーション上棟式では、神様への榊の奉奠《ほうてん》を、たま駅長と飼い主のKさんと私と三人揃って厳かに柏手を打って執り行いました。その後お餅投げですが、あいにくの雨降りで境内がぬかるんでいるので、たま駅長の餅配りということにしました。流石にたま駅長、堂々と式を済ませて、雨の中を大勢の報道陣の皆さんが来てくださって、地元の熱心なサポーターの皆さんと楽しく交流の行事ができました。

また、たまステーションの檜皮葺きで最も難しい目のカーブの部分を、高野山のお寺を手がけている名人の古家敏男さんが葺いてくれるというので、たま駅長と見学に行きました。初めて間近に見る檜皮葺きの技に、感激しました。世界で唯一の檜皮葺きの猫の顔をした屋根を持つこの貴志駅は、世界一の地方鉄道の駅舎として名を馳せるだろうという期待で、久し振りにわくわくしました。

竣工前検査に来た時、出来映えもさることながら、たま駅長が気に入ってくれるかが気がかりでした。ところが、たま駅長は新しい駅長室に入るや否や、警戒するどころか、気持ち良さそうに寝そべって、大きく身体を伸ばして寛いでくれました。初めての場所でこんなに気に入ってくれると思っていなかったので、安堵するとともに感激しました。これが木の温もりなのでしょう。

この駅舎が和歌山県の名物になって、地域の誇りとして親しまれることを願っています。また、和歌山電鐵の五〇年、一〇〇年の存続のモニュメントになればと期待しています。

この駅舎の竣工をインターネットで知ったフランスの映画監督、ミリアム・トネロットさんから素晴らしいお祝いのお手紙もいただきました。

教訓 市民の協力、行政の応援、社員の努力がなければ再生は成功しない。

親愛なる たま駅長へ

インターネット上で、あなたが駅長を務める貴志駅の新しい駅舎を拝見しました。私たちが映画「ネコを探して」を撮影した頃から、なんという変化でしょう！

素晴らしい駅舎ですね。ちょっとジブリの映画から飛び出してきたみたいにも見えるのかしら。棟梁、職人の皆さん、完成おめでとうございます。これは宝石ですね！

素敵なマスコットとして親しまれているあなたは、物凄く可愛くて強いネコです。ウチのネコにはとても務まりませんよ、興奮してお客様を引っ掻いてしまいそうですから。

でもたまちゃん、私は、素晴らしい動物としてはもちろん、あなたの果たしている役割の方にも心を打たれます。あなたは、公共サービスの新しい概念を象徴しています。利用者の満足とサービスの充実という、公共事業のビジョンを体現しているのです。

貴志駅という公共スペースへの“不法滞在”という問題の解決のために、あなたを駅長に任命した小嶋社長のはからいが、その第一歩になりましたね。そのニュースは人々の心に触れ、好奇心を誘い、そしてマスコットになった。今日では、あなたは和歌山の地域経済活性化の立役者です。従業員の皆さん、鉄道員の皆さん、建設事業者、売店、イチゴ農家・・・県下の皆さんとの協働の賜物です。あなたのおかげで、和歌山のイチゴがフランスでも有名だということを、知っていますか？

さらに言うなら、あなたのような本物の駅長や、まるで妖精のような美しい新車両の電車、輸送の確実性といった素晴らしい特徴が、貴志駅と和歌山をつないで、「カワイイ」という日本独自の価値観をも超えているのです。

たまちゃん、あなたは単に「カワイイ」だけではないのです。ネコが持つ重要な特徴の一つを象徴しています。それは機動性です。もちろん、あなた自身はいつも貴志駅に居るのですが、あなたを思うことで、どれだけ多くの人々が自由な旅に思いを馳せていることか！　たまちゃん、あなたは「カワイイ」どころか、頼もしい鉄道エンジンなのですよ。強くて、パワフルで、ご機嫌なエンジン。私にとっては憧れです。

たまちゃん、これらの業績に敬意を。そして、休日を楽しく過ごすことも忘れずにね!!

フランス北東の奥地アルザスより、喉を鳴らしながら…

2010年8月4日
映画「ネコを探して」監督
ミリアム・トネロット

第8章

補助金の誘惑が経営不在・顧客不在を招く

中国バス

誰にも助けられないバス会社に救いの手を

二〇〇六年五月、規制緩和以降、急激に経営難となり、資金繰りの悪化で倒産の危機にあった中国バス（広島県）の当時の濱岡康正社長から、再生支援の打診がありました。中国バスの路線は、広島県東部の六市二町にまたがり、瀬戸内の沿岸部から中山間地域に及ぶ広大なエリアで、中山間地域は過疎化が深刻な問題になっています。また、福山市を中心に各方面（関東・関西・九州・四国等）に高速バスを運行しています。

従来の補助金行政でも、赤字の一〇〇%を補助してくれるわけではなく、中国バスでは、赤字の二〇％前後が毎年繰越欠損となって積み上がり、二〇〇億円もの赤字となって経営を圧迫していたのです。

また、規制緩和前は交付金に裏打ちされていた公共交通の補助金が、規制緩和後、いくつかの市町村にまたがる路線では、地域協議会が必要と認めた路線が交付対象となると限定されたことで、今までのようなやり方では立ち行かなくなり、経営体質そのものがガラッと変わってしまいました。

中国バス

おまけに三位一体改革によって、交付金の金額そのものが厳しくなって、地方自治体は、厳しい予算の中で、必死に地域公共交通を支えようと努力していましたが、どこの自治体も財政の困窮に喘いでいました。

前社長は生き残りのために、高速バスに活路を求め、資産売却などで凌いでいましたが、経営は日増しに厳しくなり、反面その経営体質の変化に気づかなかった労働組合は、激しい労働運動を展開し、乗客離れがさらに経営を圧迫していました。当時の過激な労働組合は、「会社を本気で殴ると、倒れて死んでしまうので、後ろ頭を押さえて倒れないようにして軽く叩くくらいにしないと駄目だ」と、組合役員が比喩していたぐらいです。

規制緩和と労働争議による乗客離れは深刻で、一九九七年度に七七八万四千人だった乗客数は、再生を請け負った二〇〇六年までのわずか一〇年で半減の三八一万七千人となっていました。通勤定期を購入してくれるお客様がほとんどなく、お客様の信頼を失ったバス会社となっていました。

前社長は生き残りのために、広島県内のバス会社に支援の道を模索しましたが、支援先は現れず、行政へ資金援助を要請しましたが、ストばかりして市民感情の悪い中国バスに支援の手は差しのべられず、「こんなバス会社はなくてもよい」とまで陰口を叩かれていました。

万策尽きて、隣県の両備バス（現・両備ホールディングス）に一縷《いちる》の望みをかけて金融機関の仲介で私に面談を求めてこられました。その時点ですでに、会社破綻が三カ月後に予想されるギリギリの状態で、条件は一切なく、路線と社員を守ってほしいという濱岡社長の悲壮な決意でした。お目にかかった瞬間に、命がけの同業者のご苦労と、お断りしたらとんでもない事態が起こることが予見されたので、「忠恕《ちゅうじょ》」（真心からの思いやり）の精神で、収支云々や条件云々の前に、支援を決め、資金援助を行いました。

お客様の苦情を調べてみると、「バスが来ない」「乗っていて怖い」「バスが汚い」「挨拶がない」と惨憺たるものでした。二〇〇四年、「燃える高速バス」として、危ない高速バスの代名詞にされた会社でした。両備グループで再生を始めて、二〇〇九年度の乗客数は四一〇万四千人と七・五%増加しています。

現場に問題の答えがある

公共交通の収支以外の再生手順は、まず事故簿とお客様からの苦情簿を調べることです。中国バスの再生を引き受けることが決まって、過去のお客様の苦情を調べてみると、前述のほかにもストライキを頻繁にしてあてにできないなど、安全面とサービスに問題が多々ありました。

両備バスで運営するようになってから、懸命に社員教育、意識改革を行って、大幅に事故や苦情件数が減り始め、お褒めの言葉もいただけるようになりました。

次に再生の際に見ることは、点呼と始業点検とバス車両の管理状態です。実際、当時の中国バスの車両は、清掃は業者任せで、まったくワックスがけをした形跡がなく、艶がなく薄汚れて、雨だれで無残な状態でした。油で汚れるホイールは汚いままで、エンジンルームを開けてオイルゲージを抜いてみると、その取っ手は油まみれで、抜いてみた形跡もなく、始業点検がなおざりな状態がすぐに見てとれました。

原因を調べてみると、安全や整備、清掃の問題の多くは、車両に対する責任体制がないことに起因していました。運転手が、自分の商売道具のバス車両にまったく愛情がなかったのです。

両備バスの運営に変わって、まず個々の車両担当者として運転手を指名して、担当責任制に改革しました。厳正な点呼とこの担当責任制で、整備士と運転手、管理職一体になった車両管理ができるようになり、これらの対策と運転手教育とがあいまって、再生への道が開き始めました。

次に再生の際に注意しなければならないことは、現場の労使関係が円満か否かです。公共交通の再生の多くは、この労使関係の改善にあるといっても過言ではありません。この関係をつくりきれないと、再生は中途半端になり、再び倒産の懸念が残ります。

現場管理の要諦

両備グループの現場管理の要諦は、5S・AFとSSP－UP運動に代表されます。

5S・AFとは、整理・整頓・清潔・清掃・躾と挨拶・服装・態度のことです。

SSP－UP運動とは、安全（safety）、サービス（service）、生産性（productivity）のことで、これらをアップする運動のことです。実は、SSPの順番に大変意味があって、安全があって初めてサービスがあり、安全、サービスが確保されて初めて生産性があるということで、すべての基本を安全第一においています。安全を損なって、サービスが良い運輸会社などはないのです。

安全が最高のサービスなのです。

両備グループでは、毎年九月に全交通部門の代表が岡山に集まって、SSP－UPコンテストを実施しています。安全、サービスの実地と技能を運動会のように、各職場の代表が競いあうのです。その成績で、概ね各社のレベルがわかり、各社のレベルアップと標準化をはかるのです。

管理の要諦で一番大事なのが人事です。私の分析では、中国バスの再生は、経営のCOO（最高執行責任者）と教育責任者が最重要の人事になりました。

この最も困難な再生の人事に思案していると、両備バスのCOOの筆頭、S専務が自ら火中の栗を拾うことに名乗りを上げてくれました。これが両備精神です。これだけねじれた労使関係の社員教育、運転教育の責任者には、グループきっての鬼軍曹の岡山電気軌道のI部長を指名しました。彼の徹底した運転指導や運転手教育はテレビ等でもよく紹介されています。

両備グループによる再生には、再生の要所のキーマンだけの出向で、基本的には再生会社の幹部を磨き上げて一緒に再生をするのが特徴です。そして、再生会社の社員も、グループ社員になった瞬間から、まったく能力主義の平等な扱いで、できる者は再生会社の前社員でも重用し、できない両備グループの幹部は、その再生会社のできる幹部の配下に入ります。

二〇〇六年一二月二二日に正式に会社の引き受けが始まり、その新しい中国バスの出発に際して、私は社員に向けて次のようなメッセージを送りました。

「中国バスの再出発を、新しい希望と意欲を持って頑張りましょう!

前社長の濱岡さんからの『私は何も要求するものはありません。中国バスの路線と雇用を守ってほしい』というひたむきな気持ちに、両備バス、両備グループとしてお応えすることにしました。


今はっきり言えることは、前と同じことをしたのでは、また潰れてしまうということです。

バス業界の労使関係の悪い企業は、規制緩和までは、お客様無視のストライキをする、賃金が上がる、赤字拡大で運賃を上げる、お客様が減るということを四〇年くらい繰り返してきました。

マイカー時代に、あてにできないバスからお客様が三七年以上連続して減り、ピークの数割という状態になってしまいました。そして現在では、全国的に通勤通学の公共交通利用の割合はわずか一割まで減少しています。

それでは、これからどうするかを社是とモットーにしてまとめてみました。
・中国バスのモットー
中国バスは安全を運転するサービス業として生まれ変わります
・社是
我々中国バス社員は
どこよりも安全に

どこよりもサービス良く
内に和を持って
外に社会の信頼を得るため
日夜努力を惜しみません

とします。

ここまで落ちたバス需要を急激に回復する妙手はありません。ただ、こつこつとお客様の信頼を回復する努力をすることです。そして、次の世代の市民の皆様のために、公共の足を残す努力を、使命感を持って徹底して行うことです。

今までは路線バスという国の認可がバス企業を守ってくれていましたが、規制緩和後は、利用してくださるお客様が我々を守ってくれるのです。

①安全で安心感のある運転をしてください
②お客様の目を優しく見て、「ありがとうございました」と感謝の気持ちを伝えてください
③道路混雑時は別として、定時運行に努力してください。特に昼間の閑散期の早発は厳禁です

両備グループの経営理念は「忠恕：ちゅうじょ＝真心からの思いやり」です。思いやりにあふれた行動をしてください。これができれば両備マンです。

経営方針は、

①社会への思いやりとして「社会正義」
社会の正義に反すること、法に触れることは厳禁です。
②お客様への思いやりとして「お客様第一」
お給料の基はお客様です。乗ってくださるから払えるのです。お客様に感謝し、お客様第一に行動しましょう。
③社員への思いやりとして「社員の幸せ」
仲間の社員が幸せになるように、明るく思いやりに満ちた職場をつくりましょう。

の三つです。

S（安全）・S（サービス）・P（生産性）アップ運動や、5S（整理・整頓・清潔・清掃・躾）・AF（挨拶・服装・態度）運動という両備グループの運動を理解して、必ず実践してください。『中国バスは変ったな。みんなで利用しよう！』という天の声が聞かれるように、社員一丸になって頑張りましょう！」と決意を述べました。

補助金行政の副作用①：経営のモラルハザード

中国バスの再生をすることで、補助金制度の思わぬ副作用が発見できました。両備グループは、国から補助金はもらわないという方針で規制緩和まで生き残ってきました。したがって、なぜ補助金をいただいている企業ほど経営の傷みが激しいのか、ストライキが多いのか、お客様の減り方が激しいのかということがピンときませんでした。両備グループも規制緩和後の補助金政策の変更で、不採算路線を維持するために、あえて補助金をいただき、路線維持をする体制に変えていますが、補助金の功罪はよくわかりませんでした。しかし中国バスの再建で実態が見えてきたのです。

中国バスの経営実態を調査すると、極めて高コストの会社であることがわかりました。バス車両が五〇〇万円から一〇〇〇万円高い、燃料費はリッターあたり一〇円も高い、部品代は三倍、金利は二倍以上と、まったく理解できない高コストでした。

なぜこんなにコストが高いのか、前社長に尋ねると、「コストを下げると補助金が減る」という回答で、びっくりしました。これでは経営ではありません。

補助金で生き延びてきた企業にとって、経営努力をしてコストダウンしても、その分だけ補助金が減少して、企業の利益にならないという経営感覚が生まれることがわかったのです。

補助金は、赤字の補填だけで利益を認めていません。したがって、企業は利益を出そうという意欲がなくなり、いかに多くの補助金をもらうか、行政にいかにうまく交渉するかが経営トップの仕事になっていました。この数十年間に及ぶ補助金行政で醸成された経営感覚は、我々のように補助金をいただかないということを経営方針にしていた企業と真っ向から異なることがわかりました。

中国バスが両備グループの経営となって、引き受け前の二〇〇五年と、引き受け後の二〇〇九年度対比で、人件費は一五％減少、燃料費は一三％減少、修繕費は四三％減少し、支払利息も大幅に減りました。修繕費の大幅減少は、乗務員と整備士、管理職の一致団結した努力と、後述する有責事故の大幅減少によるところが大きいです。

補助金も一億円減らすことができました。補助金そのものは、必要な延命装置ですが、抜本的に経営を改革するためには、補助金を減らす努力をしたら、一定のインセンティブを与える仕組みが必要であるということがわかりました。

補助金行政の副作用②：顧客不在の劣悪なサービス

補助金をもらっていた会社ほど労使不仲が多いということも解明できました。補助金行政の思わぬ副作用が、不仲な労使関係による事故多発や、乗客のサービスへの不満、乗客不在のストなどの労使紛争という形で現れていました。規制緩和前の補助金は、いくらストで赤字が増えようが、乗客が減ろうが、路上故障や事故で乗客に不利益があろうが、その多くは補助金で相殺されるために、健全な経営に向かわず、不仲な労使関係を助長しました。

両備グループが引き受ける前は、中国バスは年間一〇回以上の労使交渉という異常な労使対立でした。現状は年一～二回の労使交渉になっています。「親方日の丸」という喩えが規制緩和前にはよく言われましたが、紛争を重ねるたびに乗客の減少は激しくなり、バスをあてにできないため、定期券を購入する乗客がほとんどいませんでした。

二〇〇四年頃から、経営状態の異変に気づいた労働組合は、スト権を構えるだけでしたが、お客様の受ける印象は、明日もストかもしれないから、バスはあてにしないという心理状態を生んでしまったのです。真面目な労働組合では、お客様が我々の生活を支えているという、しっかりした認識を持っていましたが、補助金に支えられている労使には、行政がお客様であり、乗ってくださるお客様は見えていなかったのです。

お客様からの苦情の大半である、バスの汚れや挨拶・態度が悪いということも、この不仲な労使関係が原因でした。社員教育が会社の教宣だという組合の方針から、協力が得られず、十分な教育・訓練が行われなかったのです。

安全教育がいかに大事かは、両備型の教育をしっかり実施したことで、二〇〇三年度には一二四件だった有責事故が、二〇一〇年度には全体でわずか四件となり、九三％も激減していることからもわかります。

中国バスでは、新車割り当てや配乗権を会社に与えると、それによる組合員への会社の懐柔が行われると錯覚し、持ち車責任制をさせず、車両故障やバスの汚れが誰の責任かわからないような乗務になるバス交替制にしていました。そのため運転手の車両に対する責任感や愛情が湧かず、始業点検も十分行われず、本来はバスの運転手と整備士、管理者のコミュニケーションで車両の安全が確保されるものが、乗務後に車両の異常報告がなく、管理者は異常を把握できず、整備士はマニュアル通りの整備しかできなかったのです。

だから燃料パイプに小さな穴が開いていることに気づかず、高速バスが燃えたのです。始業点検でエンジンルームを開けていれば、燃料漏れは臭いので匂いでわかります。きちんとした整備と点検をしていれば、バスが燃えることはほとんどありえません。ですから、二〇〇四年、二〇〇六年に発生した高速バスの出火も、基本的には整備不良と運転手の車両点検不足が引き起こした事故といえます。本来、きちんと管理されていれば、バスは極めて安全な乗り物です。

バスの清掃も業者任せで、購入して以来、誰もワックスもかけず、汚れはあたかも新種のつや消し塗料かと思わせる有様では、安全もサービスもあったものではありません。現在は、バス車両の責任の明確化が行われ、愛情を持って運転手が洗車やワックスがけに協力するようになり、ピカピカになっています。

ただ、車両が古いことが弊害となり、路上故障はあまり減らず、なかなか改善しないことが目下の悩みです。事業仕分け云々で、地方のバスは古いバスでよいと決めつけられて、補助金も切られ、限界バス会社はバスを買うこともできなくなってしまいました。

両備型の5S・AF運動と、SSP－UP運動で、接客・態度が向上し、苦情も二〇〇五年度の一九八件から、二〇一〇年度には九二件と半減以下になっています。

補助金は顧客サービスに還元を

過去の補助金行政の意図せぬ副作用によって生まれた労使関係が、多くの経営問題と乗客不在の劣悪なサービスを生みましたが、今日まで労使関係は当事者責任ということで放置されています。しかし、基本的に国民の税金が投入されて経営が維持されている会社の労使関係が、その国民にストやサービス不足として不利益を与えて、果たして当事者責任で済まされるのでしょうか。税金が経営や労働者の給料に充てられているということは、準公務員と同じであって、国民に対する背信的行為は許されないと思います。したがって、補助金を投入される労使は、国民に対して、しっかり要望に応え、サービスを提供する責任があるという自覚と、しかるべき労働権の制限があって当然です。

規制緩和後の補助金制度は、この弊害が少なくなっていますが、不仲な労使関係を変えるまでの意識改革は生まれませんでした。ストと同様の乗客減少を招くスト権を構えての激しい労使交渉をする認識不足の労働組合は、今や極少数派となりつつあります。過去の激しい労働運動は、結果として業績悪化を招き、原資を失って、賞与の減少や、果ては経営破綻によって退職金も満足にもらえない事態へ立ち至ったのです。これは労働運動ではなく、不労働運動です。

公共交通には、自分たちの給料や労働条件の向上は、お客様が与えてくれるとしっかり認識できる経営体制が求められ、その意味でも後段で説明する、官の役割と民の役割をはっきりさせる「公設民営」が課題となるのです。公設民営になれば、サービスの悪い企業は、評価基準によって、退場しなければなりません。補助金をもらって顧客不在の経営をしても、現状では資金問題以外で退場させられることはありません。

教訓

補助金をいただく企業は、国民の税金で賄われていることを自覚し、顧客へのサービスに還元することが必要。

第9章 地域公共交通の存続をかけた政策改革

規制緩和でなぜ多くの公共交通が倒れたのか

規制緩和で補助金に頼っていた多くの交通事業者が倒れたのには、二つの原因がありました。第一に、補助金は一〇〇%赤字を負担してくれないので、過去の赤字の二割前後が永年積み上がり、通常の経営では吸収しきれない、年商の数倍にあたる過去の赤字(借金)の金利負担と返済がありました。規制緩和で変化した補助金行政では、過去の赤字の回収ができなくなったことが指摘できます。規制緩和の前に、緩和による経営影響の実体調査をしていれば、これほどの経営破綻はなかったでしょう。この状況は多かれ少なかれ現状でも内包されている問題です。

第二に、規制緩和前の補助金行政では、交通事業者は公共性の高い会社で、潰れないし、潰せないと考えて、金融機関が積極的に融資支援していました。しかし、規制緩和後は、経営維持が難しい路線の退出が自由になり、儲からない、費用対効果のない事業は止めるべきということになりました。交通事業者も通常の民間企業と同列になり、公共交通事業は潰れないという神通力がなくなってしまいました。ゆえに金融機関は厳しい審査をすることになり、各社は資産売却や赤字路線の切捨て等で必死の合理化をはかりましたが、莫大な借金は重すぎたのです。借金を返す力のない会社は、実際上は隠れ倒産企業と同じです。そのまま温存しても膿がたまるだけで、問題は解決できません。通常の企業ならそれで潰れていって問題ないのですが、公共交通事業はそうはいきません。社会的影響が大きすぎるのです。

したがって、何らかの抜本的解決をしていかねば、死に体の公共交通を持っている地域は、ますます先行きが暗くなってしまうのです。ここが、地域公共交通における「民設民営」を考え直して、「公設民営」を主張している理由なのです。

高速バスとツアーバスのアンフェアな競争

規制緩和が地域公共交通にもたらした弊害の一例として、高速バスとツアーバスの問題があります。

規制緩和で新しい補助金だけで経営できなくなった地方路線バス各社は、高速バスに活路を求めていきました。高速バスの収益が、赤字路線の原資となり、補助金がもらえない赤字路線を必死に支えていたのです。ところが同じような路線事業行為でありながら、ツアーバスが路線類似行為を始めたのです。規制緩和時代には、新しいサービスとして、このツアーバスが旧態依然の高速バスに対してむしろ奨励されたのです。そして行きすぎたコストカットで、劣悪な弱小観光バスの運賃を叩きまくり、労働条件を無視した過酷な運転で乗りきろうとした弱小バス企業の引き受けたツアーバスが信じられないような大事故を引き起こすケースが後を絶ちませんでした。

高速バス事業は、運行路線・運行回数・運行時刻や上限運賃で許認可や届け出が必要と規制されています。

一方、ツアーバスは、旅行業法に基づく募集型企画旅行として、前記の規制を受けず、基本的に自由な事業が営めます。本来ツアーバスは、路線類似行為を避けるため、スキーなどの季節性の需要や盆・正月のような一時的需要増加に対応し、輸送の秩序が守られていました。同じ旅客輸送でも、旅客船事業では、現在も（むしろ規制緩和前より）観光客船は、定期航路に不利益を与える運航が制限され、その施策が離島航路などを守っています。

高速バスを運行する事業者は、一人でもバスを走らせ、決まったルートやバス停を通過しなければなりませんが、ツアーバスは乗客が少なければ運行を取りやめ、他のツアーバスか高速バスに振り替えてコストの削減ができるのです。

両備グループでも、トイレ休憩で決められたサービスエリアが混んでいたので、一つ先でトイレ休憩をしたところ、いつもと違う場所だったと、お客様からご当局に連絡されて、処分を受けたことがあります。規則は規則ですが、混雑の時でも裁量の余地がないほど厳しい規則なのに、ツアーバスなら良いとはなんとも気分が晴れません。もちろん、両備グループは社会正義が経営方針ですから、ご当局の指導には素直に従っていますが、本来はこういうことを規制緩和すべきなのです。

根本的な問題は、同じ路線事業行為を行って、一方は規制されてコスト高を免れず、他方はフリーハンドで経営できるという、アンフェアな競争状態が正しいのかどうかということなのです。ツアーバスは、明らかに路線類似行為であり、同じ事業が、異なった法律に基づいて、一方は違法となり、もう一方は合法となるというチグハグな現状が、路線バス等の公共交通事業者の高速バスでの競争力を失わせ、バス事業者の路線の赤字を高速バス事業で埋めても経営しようという意欲を殺いでしまったのです。ツアーバスという不要不急ともいえる業態の保護のために、大切な生活路線が失われていく実態が、果たして正しいのでしょうか。内股膏薬の如くに運用される二つの法律が、規制緩和によって生まれ、費用対効果という言葉で、安い事業形態が善という錯覚を生んで、ツアーバスの重大事故体質をつくりあげてしまったといえるのではないでしょうか。

基本的に安全を確保するのは、厳しい法的規制や罰則だけでなく、安定した経営を保証することだということをしっかり反省・認識しなくてはなりません。貧すれば鈍するという諺の如く、心を失った公共交通は衰退していっているのです。

規則緩和の功罪を検証

供給過剰の業態に対する規制緩和は過当競争を招き、業界破壊と低賃金を生むということは明らかです。経営不安と必要以上のコスト削減を強いる業態は、安全を損ない、命を犠牲にする懸念があることも明白です。バス事業のみならず、空運・海運・陸運のすべてが、安定経営を損なっているという現実をいかに解釈するかです。タクシー等は、遂に最低賃金も確保できない、夢を失った輸送事業となってしまいました。

公共性の高い事業を費用対効果で律することの危なさと、過当競争にさらされた交通事業の安全確保の難しさは、果たして乗客のためになったのか、今ここで、交通業界の規制緩和を大いに検証する必要があるのです。

私は五年前からバス協会で、規制緩和の功罪を検証しようと提案し続けてきました。時代の仇花として生まれた規制緩和の弊害を、率直に認めて、新しい公共交通の仕組みがつくりたかったのです。当時この規制緩和に携わった方々の批判をすることは意味がないのです。当時の社会風潮と、劇場化した政治がミスリードを生んだのです。それで、国民のためと勘違いして執行した行政を責めるのではなく、新たな国民の要望に対応した方向性を見出すことが大事なのです。いわゆる経営でいう反省拡大です。どうも政治、行政には、反省すると一巻の終わりみたいな風潮がありますが、間違いは起こしたこと以上に、知っていても直さないことの方が罪が重いのです。

政治、行政の中心が東京であるため、需要の多い大都市を基準に制度が導入されることも問題です。規制緩和が導入された結果、少子高齢化によって人口が減り、需要の少ない「地方」がピンチとなってしまいました。大都会と地方で需給がまったく異なる日本は、一つの法律ではもう律しきれないのかもしれません。何度も申し上げますが、大事なことは、間違いは間違いと早く認めて、皆で速やかに修正していくことです。孔子曰く「過って改めざる、これを過ちという」「過ちを改めること、憚ることなかれ」です。

地域公共交通の見直し機運

中国バスの再生を始めて、地元の宮沢洋一代議士がお礼に来てくださった時に、「地方の衰退と地域公共交通の危機は、地方の実情を知らない政治家の責任ですよ」と申し上げたら、怒られるかと思いましたが、すぐに受け止めていただいて、二〇〇六年、当時の自民党内に「地域公共交通活性化小委員会」を設置してくださいました。これが本当の政治です。第一回の委員会で補助金行政の副作用による経営のモラルダウンや、行きすぎた労働運動の経過や実情をお話しする機会をいただき、次のようにご提案しました。

①経営努力を促す補助金への転換

②公共交通にお客様を増やす国策や対策

その委員会に出席されていた多くの地方選出の国会議員の方々から、声援や拍手を送っていただいて感激しました。彼らも地方の窮地をもちろんご存じなのです。

この小委員会が中心となって、政治家の皆さんや行政の方々の努力により、地域公共交通が衰亡する土壇場で、二〇〇七年に「地域公共交通の活性化及び再生に関する法律」が成立することになりました。

①和歌山電鐵の事例が一つの参考となり、地方鉄道に「公有民営」（公設民営と同意）の法制化（同法による公有民営方式の鉄道事業再構築事業）が実現しました。これで約九〇の地方鉄道のうち七〇くらいが生き残る可能性が生まれたといえます。

②中国バスの再生で、地方路線バスの非効率な補助金問題が解明され、補助金に経営改善のイン

センティブ導入の法制化（同法による路線維持合理化促進補助金（インセンティブ措置））が実現できました。

これらの法制化から、地域公共交通の見直し機運と、種々の支援体制ができましたが、これで十分かというと、「やっと端緒」なのです。おまけに民主党政権の事業仕分けでこの財源はなくなってしまいました。

公共交通政策の抜本的改革が必要

補助金は、けっして不必要な行政手段ではありませんが、地域公共交通においては、事業そのものが末期的症状で、その延命効果も薄れ、抜本的改革をする行政スキームが必要となってきています。協調補助は、黒字企業には有効ですが、地方の大赤字の路線企業では自己負担ができないために機能せず、バリアフリーや圧縮天然ガス（CNG）等の環境対応、ICカードやバスロケーションシステム等の情報化は、東京・大阪・名古屋の大都市しか十分に進められない事態に直面しています。地方の七〜八割のバス会社は、もうバスも買えなくなってしまいました。

事業仕分けの際、さる委員が「地方のバス会社は、バスは一〇年、二〇年使えるので、古いバスで十分です」と本気で言われたのにはびっくりしました。地方は、高齢化対応も、環境対応も、情報化もしなくて、古いバスだけ走らせていれば、この国は良くなるのでしょうか？　マスコミ受けする表現ばかりが飛び交い、地方の声なき声を反映できない現状、これが果たして政治なのでしょうか。

第4章で述べたように、昨今、韓国では日本の京都や名古屋の先進的事例を参考に、大胆な公共交通政策が採られ、五〇以上のバス会社を協同組合でまとめたソウルの事例等もあり、準公設民営ともいえる大規模な改革が政治・行政主導で行われています。

二〇〇七年、韓国のバス事情を視察してわかったことは、日本の制度は、官と民の役割が不明確で、赤字補填が中心の補助金というカンフル注射に頼っているという実情です。韓国で行われている公共交通中心の社会の実現という政策は、バス会社は儲からないが、社会が便利になる対策（バリアフリー、環境対策、情報化）は社会的装置として、行政（公共）が一〇〇％負担すると明確にしており、日本ははるかに対応が遅れています。

公設民営のビジネスモデル

官と民の役割分担を事例で検証してみます。たとえばワンマンのバス事業では、ＩＣカードを導入しても、乗客の利便性だけで、お客様が増えないことが両備グループでの導入でもわかりました。鉄道は改札の人員が節減されるので、費用の回収ができますが、ワンマンバスは費用の回収ができません。その結果は、費用分担と過去の売り上げにあげてしまっていたプリペードカードの残金をいかに処理するかで大赤字の事業となってしまいました。

それでは、バリアフリーにしたら、お年寄りがたくさん乗ってくださって投資回収できるのでしょうか。また、環境にやさしい社会をつくるために、コストの高い環境適応バスを走らせれば、お客様がマイカーからどんどんバスに乗り換えていただけるのでしょうか。

これらは、どのような国や社会をつくるかといったビジョンに基づく政策から派生するコストです。もちろん事業者としてその政策に従っていかなければなりませんが、この社会的コストを自力で吸収する方策がすでに地方の公共交通企業には尽きてしまっているのです。情けないといえば情けないのですが、マイカー時代において、もう地域公共交通は、単なる民間のビジネスモデルでは経営できなくなってしまっているのです。

二〇〇八〜二〇〇九年春頃まで、私は地域公共交通再生の切り札は「公設（有）民営」と主張し、日本においても欧米的な交通権の確立と二〇〇〇億円以上の財源の確保を主張していました。当初、公設民営は社会主義的な方法と見られていましたが、和歌山電鐵の再生の成功事例から、公設民営などの検討が必要なのではという機運が徐々に生まれてきました。地方の実情と公共交通の使命を理解できない大都市的発想では、「民設民営」が当たり前ですが、高齢化が進む地方では、住民の交通権を確保することが地域社会を維持するための必須要件といえるのです。いまだ「公設民営」が社会主義的という批判もありますが、何々主義で表現したいなら、「人道主義」が正しい表現だと思います。

誰しも生まれてから免許取得年齢までは交通弱者ですし、そして高齢化すればまた交通弱者に戻るのです。ですから、公共交通は、全国民が人生の始めと終わりで必ず利用する社会的ツールといえるでしょう。だから、公共交通なのです。しかし現状は、地方に行くほど、マイカーがなければ生活できなくなっているのです。大都会の人々は、忙しい時にマイカーは使わず、定時性の確保できる電車や地下鉄などの公共交通を利用します。逆に地方では、忙しい人ほどマイカーでなければ仕事にならないのです。ですから、交通運輸業の政策を東京で考えると、地方の実状を読み間違えてしまうのです。

国政を動かすための運動

交通権が理解されてきた矢先、二〇〇九年九月に民主党政権が発足して一転、振り出しに戻ってしまいました。一時は諦めかけましたが、勇気を奮って打診し、すぐに岡山県選出の民主党衆議院議員の方々とハードネゴシエーションを持つことができました。

地方のバスや鉄道をすべて「タダ」にしても一兆円弱、高速道路をすべて「タダ」にして二兆五〇〇〇億円、どちらが国民に有効か真剣に考える必要があると、民主党の議員方に政権誕生から叫び続けました。そして、後述する「エコ公共交通大国おかやま構想」のご説明をすると、T議員が、地域公共交通の問題と、エコ公共交通の構想はぜひ国会でも取り組みたいと言ってくださって、交通基本法への井戸を掘ってくれたことは、特筆に値します。その実現化への理解が進んだことは一つの希望です。

実際にお話をしてみると、地域を良くしよう、そのためには地域公共交通をなんとかしなくてはならないという思いは、与野党共通の思いで、国民的コンセンサスが形成されると希望が持てました。地域では国会議員の方々と歯に衣を着せずに議論しているので、民主主義の実感が湧きますが、なぜ政党という組織の枠組みに入ってしまうと、国民から乖離する議論になるのか、不思議です。国会での論戦や、権謀術数を見ていると、これが政治か、国会かとうんざりします。

その後、国土交通省で二〇一〇年一月二〇日に開催された第四回交通基本法検討会で私は意見陳述させていただく機会をいただきました。そこで和歌山電鐵や中国バスの再建の事例から公共交通の抜本的改革を主張したところ、三日月大造政務官（当時）から、今回の改革は「小嶋さんが言うように抜本的にやりましょう」と即座に回答をいただき、これが交通基本法制定へ向けての動きにつながったと思います。同年一一月二四日の衆議院議員会館での第二回交通基本法ワーキングチームの会合でも、交通基本法の必要性と財源の確保の重要性を訴えることができました。
交通基本法での抜本的変革を提言しているのは、もちろん、規制緩和や補助金制度の悪いところばかりを指摘するためではありません。その功罪を云々する以上に、危機に瀕している地方の公共交通を、現状の延命策から将来に希望の持てる公共交通に思いきって転換することが大事だからです。ただ、行政サイドはいまだに延命的な行政対応で済むのではないか、他に方法がないのではないかと思っている方々が多いので、ぜひ和歌山電鐵や中国バスの事例とともに、地方の実態を見ていただきたいし、地方の公共交通の経営者の生の声を聞いていただきたいと思います。皆が必死になって、地域の足を守っているのです。自分たちが補助金や国の支援で儲けようなどというやましい気持ちの公共交通事業者は、私の知る限り皆無です。将来の見通しもなく、半ば絶望しながらも、地域の交通を必死で支えているのです。その悲痛な声をぜひ聴いていただきたいと思います。

教訓

公共交通事業の再生には、規制緩和と補助金制度からの抜本的変革が必要。

第10章 なぜリスクばかりで得のない再生を決意したか

創業者の経営理念「忠恕」

「小嶋さん、何も得をしない地方の公共交通の火中の栗を拾ってどうするの？」とよく聞かれます。

なぜメリットが少なくリスクばかり多い地域の公共交通の再生を実行したかは、私の生い立ちと関係があります。明治期に祖父が鉄道建設事業の創設のほんの一部に携わっていたという話を子供の時に聞いたことがあります。生来の正義感もありますが、素晴らしい先人たちの考えに触れて、人生観が確立したことが大きいと思います。

両備グループは、一九一〇（明治四三）年に、岡山市にある日本三名園の「後楽園」と日本三大奇祭の「会陽《えよう》」（裸祭り）が行われる西大寺観音院のある旧西大寺市（現在の岡山市東区）を結ぶ西大寺鐵道として創業しました。当時は、この可愛い軽便鉄道が最新鋭の公共交通で、「ケエベン」と呼ばれて地域の皆様に可愛がられていました。

ところが、一九五五年、旧国鉄赤穂線の敷設がほぼこの軽便鉄道に沿って決まり、最新鋭の国鉄赤穂線に対して、輸送力もスピードも何から何まで競争にならないことを悟った当時の経営者は、一九六二年の赤穂線の完成までは、地域の足を守り、その完成を見届けると、鉄道は国鉄に任せて、愚痴の一つも言わず、次の時代を「両備バス」として、バス事業にかけて頑張りました。

戦後の高度経済成長期以降は、運輸・観光事業を主体としながら、情報サービス、生活関連分野へと事業の多角化を推進し、現在は売上高約一三〇〇億円、約八〇〇〇人の従業員を擁する企業グループへと発展しました。二〇一〇年七月三一日にお蔭様で一〇〇周年を迎え、次の一〇〇年に向けた第一歩を進めているところです。

次の一〇〇年に向けた変革と再構築を進めるために、私は、新たな経営理念に、「忠恕《ちゅうじょ》」（真心からの思いやり）を掲げ、和歌山電鐵貴志川線をはじめ、地域公共交通の再建に積極的に取り組んでいます。二〇〇九年からは、東京進出を本格化させ、地方企業としての生き残りをかけて挑戦を続けています。

この創業者・松田与三郎さんの座右の銘とも言うべき「忠恕」という経営理念を再発掘したこと、西大寺鐵道からの過去にとらわれず、鮮やかに両備バスに転身した三代目の松田基さんの経営理念や哲学と諸先輩の企業活動に触れて、豊かで美しい地域を今後も残したいという気持ちが、大きなリスクを跳ね返してきたのです。

「経世済民」を学び経営の道へ

私は、一九七三年、旧両備運輸の常務取締役として、経営の世界に弱冠二八歳で入ることになり、オイルショックを契機に、激しい赤字に陥ったこの会社の再建を始めました。一九七五年には、労務問題で潰れそうな岡山タクシーの社長に三〇歳で抜擢され、お蔭様で再建もうまくいき、岡山青年会議所の理事長や、岡山経済同友会の代表幹事を務めるなど順調な経営者人生を歩ませていただいたと思っていました。

心の隅には、「俺も少しはやってるな」と誇りと自負心も芽生えていました。ある郷里の偉人のことを学ぶまでは、心密かに自惚れもありました。その偉人については後で詳しく紹介します。

私の人生観を培ったのは小学生の時です。『少年』という漫画と『丸』という戦記物を読んでいて、特攻隊員の家族への手紙を読んで感涙し、国や社会や家族のために生きるその姿に憧れました。それが高じて大学ではグライダーに乗りました。

また幕末の偉人の本を読んでいて、福沢諭吉先生の「独立自尊」の精神に触れることができたことも大きかったと思います。私の実家のあった東京麻布の丘を下りると、すぐ近くの三田に慶應義塾中等部があるのを知り、入学しました。

中学一、二年の時は濫読に濫読で「経世済民」という言葉が経済の語源と知りました。「経世済民」の意味は、経世は国を治めること、済民は民の苦しみを救うこと、すなわち民の苦しみを救うことが、国を救うことという理念です。この「経世済民」「独立自尊」の精神に触れ、みんなの苦しみを救える高潔な生き方に感動し、経済人への道を目指しました。

慶應義塾大学では、昔は理財といい、今は経済学部という事業家や経済人を養成する学部に入学し、多くの人を助けられる事業家（経済人）を志しました。大学卒業後も、再び慶應義塾大学ビジネススクール（現・慶應義塾大学大学院経営管理研究科）に籍を置きハーバードビジネススクールのケーススタディメソッドで、主にコングロマリットの経営戦略を学びました。

一九六八年に大学を卒業し、旧三井銀行（現・三井住友銀行）に入行しました。仕事は、企業の分析ができる与信（貸付あるいは融資）を希望して、通常は七～八年かかるポジションに運よく一年半で就くことができました。銀行では、貸付ばかりでなく、債権回収や赤字企業の再建にも取り組むことができ、与信の分析を通じて経営の実務も学べ、本当に楽しいバンカー経験をしました。

五年後の一九七三年、義父・松田基の経営する両備運輸の再建を打診され、前述のように弱冠二八歳で両備運輸の常務となり、経営者人生をスタートさせました。よく嘴の黄色い若輩だった私を一遍に常務にしたなと今になって思いますが、その当時から両備グループには思いきって若い世代を登用する社風がありました。

年商四〇億円くらいで、その約一割もの赤字を出していた旧両備運輸は、当時まさに絶好調であった旧両備バスはじめグループ会社や株主に「大飯食らいの大糞たれ」と揶揄されたように、営業力は強く成長性はありますが、ソロバンが苦手で、一九七三年のオイルショック以降、大赤字を続けていた会社です。そんな大変な時に私は銀行員時代のスキルである分析力を活かし、すぐに再建案をまとめ、お蔭様で短期間のうちに黒字化することができました。そして、なんと学生時代にグライダーをトレーラーで運んでいたことが、トラック乗務員たちの心を掴む助けになったのです。

信託経営による人材育成

岡山県という地方に行ってまず困ったことは、社員教育です。東京のように専門的管理者や経営者を育てる仕組みがないのです。コンサルタントに頼んでも、社風に合った教育がうまくできず、困ったあげくに、両備グループ内に教育機関をつくることにしました。

ビジネススクールで学んだケーススタディを両備型にアレンジして、経営管理基礎講座、現在では「両備大学」（通称）という四年制の夜間講座のコーポレートユニバーシティをつくり、「両備大学院」（通称）といっている青年重役会制度（ＪＢ制度）の立て直しをはかりました。現在、両備グループの経営を信託されている幹部やＣＯＯ（最高執行責任者）と、再建企業の経営を進めている幹部の多くは、この両備大学、両備大学院の卒業生です。

現在五二社の経営は、両備グループ独特の「信託経営」を採用しています。代表がＣＥＯ（最高経営責任者）として大枠の経営戦略を立案し、信託された専務・常務クラスがＣＯＯとして経営実務を執る方式で、今ではアメリカ型の経営が珍しくはありませんが、昭和四〇年代からこの方式を採っている地域企業は、全国でも稀でしょう。

両備型の信託経営とは、

①私企業であっても、企業は社会から経営を信託されている社会の公器で、けっして私してはならない

②経営の執行は、任せられる幹部に信託し、自らは経営に専念する

という二つの意味があります。

任せられることで人材は伸びるので、この信託経営こそが人材育成の実践場であるのです。両備グループとしては、経営幹部の育成なくして、グループの発展や事業分野の拡大はありえません。経営幹部の九五％程度が青年重役会の出身者です。この人材がいなければ、次々に企業の再建を進めることはできません。

岡山藩郡代・津田永忠との出会い

一九九六年、岡山経済同友会の代表幹事に五一歳で就任し、公的な活動機関での社会貢献とともに、経営者としても転機を迎えていました。

経営者としての転機のきっかけが江戸時代の岡山藩郡代・津田永忠との出会いでした。ある先輩の一言から、津田永忠の顕彰会を立ち上げて、彼の生き様に感激をしました。

津田永忠は三〇〇年以上前に、岡山藩藩主の池田光政公、綱政公の二公に仕え、日本三名園の一つ「後楽園」や日本最古の庶民学校「閑谷《しずたに》学校」をつくった人物で、近年私が世界遺産登録の提案をし、取り組みのお手伝いをするまでは、物知りの岡山の方々にもあまり知られていなかった英傑です。

一六七五年、先の洪水以来の凶作・大飢饉の時、すでに光政公に隠居をして閑谷学校だけを守ることを命じられていた永忠は、備前岡山藩でも餓死者が出るとまでいわれた大飢饉の時、綱政公の代となって初めて登城して、閑谷学校の御用米を使って、郡中の一〇〇〇を超える手習い所を施粥所にすることを進言しました。「農民が死んでいこうとする時に何が学問ぞや」という言動に、勉強嫌いで遊び好き、財政難を克服できなかった綱政公は驚き、瞬時に津田永忠の能力を見抜き、小禄で隠居していた彼を、郡代という、いわば備前岡山藩のCOO（最高執行責任者）に任命したのです。遊び好きと評されている綱政公ですが、素晴らしい人を見る目のあるCEO（最高経営責任者）であったと思います。

郡代を任せられると、永忠は財政改革をわずか数年で終え、民に夢と希望を与えようと一九〇〇町歩の大干拓を進言しました。これには、永忠の恩師でもあり、先君・光政公の懐刀であった熊沢蕃山が、「財政再建をしたといっても、岡山藩にはそんな財力はない。河口に大干拓をするのは洪水を招き、治水上の禁じ手だ。津田はできもせぬ大ほら吹きだ」と綱政公に諫言し、大反対をしました。その時間稼ぎにできたのが後楽園だともいわれています。

しかし、永忠はたちまちこの後楽園を完成させ、反対する熊沢蕃山に書状を出しました。「蕃山先生、干拓資金は藩のお金は使わず、私個人で借ります。財政再建の時の借金をすべて返した大阪の商人の皆さんが、津田個人になら何万両でも貸すと言ってくれています。河口の近くに大干拓をすれば大洪水になると言われますが、唐樋という技術で五〇年に一度の洪水で済みます。

その五〇年に一度の洪水が起こっても、四九年間蓄えをしておいて補償をすれば、農民に夢を与えることができます」と喝破しました。永忠は「治世とは、民の苦しみを救うことにござる」と書状の最後を結び、熊沢蕃山をギャフンと言わせて、反対を鎮めました。

実際、彼は干拓費用の大半を彼個人の信用で大阪や京都の豪商から借り入れ、農閑期の農民の救済事業として労働力を活用して半年で大干拓を完成させてしまいました。民の意に合った施策が、大事業を短期間で成功させたのでしょう。干拓した新田は一町歩ずつという、当時では大農家並みの広さで入植者へ与えられました。まさに今の政治が学ぶべき仁政です。

企業の使命を問い直す

私は、この津田永忠の偉業に触れて、今まで若干の仕事をして、社会のお役に立っていると自負してきた我が身の小ささを悟り、背中から冷や水を浴びせられた気がしました。そして、己の経営を問い直しました。そして「事業とは、社会やお客様のために尽くし、社員の皆さんを仕事を通じて幸せにするもの」という忠恕の精神に触れた気がしました。まさに仁であり、「知行合《ちこうごう》一《いっ》」という陽明学の思想の一端に触れることができたのです。

子供の頃は特攻隊員の国や家族を守ろうとする思いに共感しましたが、これ以降「人々の苦しみを救い、幸せにする、豊かにするということこそ、今の日本を救うこと。社会のため、お客様のため、社員の幸せのために、企業はその使命を果たすために利益を出して存続し続けなければならない」と人生観を再定義しました。

一九九九年、私は両備グループ代表に就任し、次の一〇〇年に向けた経営理念と経営方針を打ち出すため、あらためて見直しをしました。前述のように、今までの一〇〇年で培われてきた経営理念は、「忠恕」（真心からの思いやり）だったと再発見し、思いやりを中心に三つの経営方針をつくりました。社会への思いやりとして「社会正義」、お客様への思いやりとして「お客様第一」、そして社員への思いやりとして「社員の幸せ」を定めて、社員の雇用維持を最優先課題としています。今まで社員をリストラしたことはありません。しかし、業容が大きくなり、全国に拠点ができれば、どうしても隔地で転勤に対応できない社員も出てくるので、社員の幸せのために、最善の雇用の開発や再就職の斡旋の努力をするように指示しています。

この忠恕という思いやりと、知行合一という「良いと思うことは、必ず実行する」という思いが合体して、信念として高まらなければ、地域に公共交通を残すという活動はしなかったと思います。口先だけで公共交通の存廃の心配を唱えて、汗して再生に努力することはなかったでしょう。それほどに津田永忠さんの功績の礎にあった陽明学の影響は大きかったのです。

和歌山電鐵の再建は、このような新たな経営理念・方針の試金石となったといえると思います。

和歌山市と紀の川市間を結ぶ南海電鉄の赤字路線の経営の再建を二〇〇六年四月一日に引き受けたのも、この再建を成功させなければ、日本全国の地域の鉄道の多くを日本は失うだろうとの思いでした。

実は両備グループでは、昭和四〇年代の終わりから、マイカー時代には公共交通事業は成長しないと判断して、事業の多角化に進みました。ですから現在の公共交通事業の売り上げは全体の一三分の一の約一〇〇億円、経常利益は三〇分の一くらいで、撤退しても経営への影響は少ないのです。しかし、今まで育てていただいた地域への恩返しとして、利用者と地域のためにできる限り継続すると決意したのも、子供の頃からの、国のため、社会のため、家族のためという思いが、忠恕という理念と、知行合一という行動規範に昇華したからだと思います。

教訓

忠恕の心で良いと思うことを実行すれば、必ず良い社会になる。

第11章

地域公共交通の変革

エコ公共交通大国構想

世界一のエコ公共交通大国を目指す提言

国民に安心・安全で信頼できる公共交通ネットワークを維持するためには、単なる延命的施策ではなく、少子高齢化の環境に対応する情報化された社会ツールとして、根本的に変えていかなくてはなりません。現在のガタガタになった地域公共交通の上にいくら絵を描いても、次代を担う社会的インフラにはなりません。

基本的な変革への提言は次の通りです。

◆二一世紀型地域公共交通再生への提言

高齢社会の交通福祉政策と環境への配慮を目的として、地域の公共交通の再構築をはかるために、TDM（交通需要政策）の一環として、「公有民営」方式で、圧縮天然ガス（CNG）使用のバリアフリータイプのバス、LRT、鉄道を整備し、ITとGPSを利用した「エコ公共交通大国構想」（後述）を導入して、地域公共交通を有機的ネットワークとして「見える化」する。予算規模は毎年二〇〇〇〜三〇〇〇億円規模の一〇年計画で、財源は道路特定財源を利用し、世界最高水準の公共交通ネットワークを目指す。

◆新たに地方道路・交通審議会を提言

交通関係の審議会を首都圏と切り離して、地方独自の道路、交通を連携的に審議する、地方出身国会議員、地方の事業者、学者、有識者、利用者の会を新設する。

◆公共交通とマイカーの共生プランの提言

マイカーと共生するパーク&ライドを制度化し、都市へはバス専用道路やLRTを利用するという「歩いて楽しいまちづくり」を実践し、中心市街地の活性化、都市環境の良化、交通事故の減少をはかる。財源の多くは、道路目的税二兆五〇〇〇億円を一般税化、環境税化する時に二〇〇〇～三〇〇〇億円確保することと、ソウルやロンドンで導入して成功している、都市に三人未満で進入する自家用車とバスレーンの駐車違反と通行妨害の罰金をあてることでまかない、ロードプライシングする。

◆エコ公共交通大国おかやま構想の提言

二〇一〇年五月に発表した「エコ公共交通大国おかやま構想」という提言は、上記の提言を踏まえてつくったものです。この主たる目的は、二〇一〇年の参議院選挙に向けてのマニフェストに公共交通を入れてもらおうと、延命策から夢のある国家プロジェクトへ転換するとどれくらいの財源がどのくらいの期間必要かを具体的に示すために、あえて地元の消化不足を承知の上で出したプランです。一〇年間で三〇〇億円のプロジェクトですが、岡山県はGNPが一・五%くらいですから、これで割ると、国では総額二兆円の総事業費となり、一〇年で割れば、一年二〇〇〇億円となります。公共交通世界一の国を目指すなら、財源の確保が一番の問題です。最低年間予算二〇〇〇億円×一〇年という計画で、世界で一番進んだ公共交通中心の社会をつくることができます。

エコ公共交通大国の実証実験を岡山で

二〇一〇年五月六日に行った「エコ公共交通大国おかやま構想」の提言は、政令市となった岡山市内交通を、ＬＲＴと新世代バス（電気、ＬＮＧ等）を中心として、環境と高齢化に対応し、情報システム化した二一世紀に誇れる公共交通に大変革する具体的な提言でした。

岡山市においても、公共交通事業者は現状維持がやっとの状況です。これを打開するため、両備グループではさまざまな取り組みをして、公共交通の維持・発展に努めましたが、

①公共交通が全国的にも珍しく民間で六社もあり、一本化した政策が引きにくいこと

②マイカー社会に慣れきって、民意としての危機意識がないこと

③国の制度を補助金行政から公設民営などのヨーロッパ方式へ移行する法整備が必要

ということで、大きな改革を実現できませんでした。

そのため、お困りの他地域での実践を重ねて、和歌山電鐵の再生の事例で公有民営という事業再構築制度を、中国バス再生の事例で補助金行政の非効率を立証して、補助金制度に経営インセンティブを導入するという画期的変革を引き出すことができました。しかし、これらを抜本的に解決するには、国民に移動の権利を確保する交通権を前提にした交通基本法の成立とその財源の

確保が不可欠で、法律制定へ向けてかなりの期待ができるところまで進展しました。

しかし、交通基本法が成立しても、今までの補助金行政との違いがなかなか理解しにくいので、先進的取り組み事例として、世界に誇れるエコ公共交通大国への実証を、政令市となった岡山市の事業として提言しています。

基本は、公有民営による官の役割と民の役割を明確にした施策により、LRTと新世代バスによる「歩いて楽しいまちづくり」を実現することであり、環境にやさしく、高齢化社会に対応した先進的かつ総合的都市交通システムへの提言です（図1）。

具体的には、

①環境にやさしく、市街地の公共交通として世界的に注目されている、次世代移動装置としてのLRT（路面電車）の延伸により、エコでバリアフリーなシステム化された回遊性の高いまちづくりを実現する（表1）

②岡山駅前を除く、新しく延伸した路線は架線レスとする

③キックオフとして、超低床車両「MOMO（モモ）」二号を二〇一一年度に導入し「エコ公共交通政令市おかやま号」と銘打ち、岡山市の広告塔として、車内には市の広報やワンストップのアイデアを盛り込んで、官民一体の都市づくりをアピールする→二～三億円（現行補助で、国・市・社で三分の一ずつ負担）

1. 施策ステップ
① 路面電車の岡山駅前広場への乗り入れを第一歩とし、この段階で抜本的なバス方面別化を実施する。
② 路面電車を岡山駅～市役所～水道局前～大学病院～清輝橋に延伸し、環状化する。市役所～大学病院を健康ゾーンとする。
③ 路面電車を岡山西口に延伸し、奉還町－岡山駅前－表町商店街ゾーンの回遊性を図る（将来はJR吉備線へ乗り入れを検討）。
④ 路面電車を城下～後楽園下、清輝橋～岡電岡南営業所、水道局～JR大元駅前へ延伸し、
岡電岡南営業所及び大元駅前、東山をターミナル化し、レール＆バスで路線バスとのシームレス化を図る。
⑤ 市内バスはバスロケで情報化する。
⑥ 一人乗りマイカーはロードプライシングで課税し、郊外でパーク＆ライドとして、
歩いて楽しい街づくりで市内中心部の環境を守り、かつ活性化を図る。
⑦ 路線バスは全車両バリアフリーの環境対応の電気バスに入れ替える。

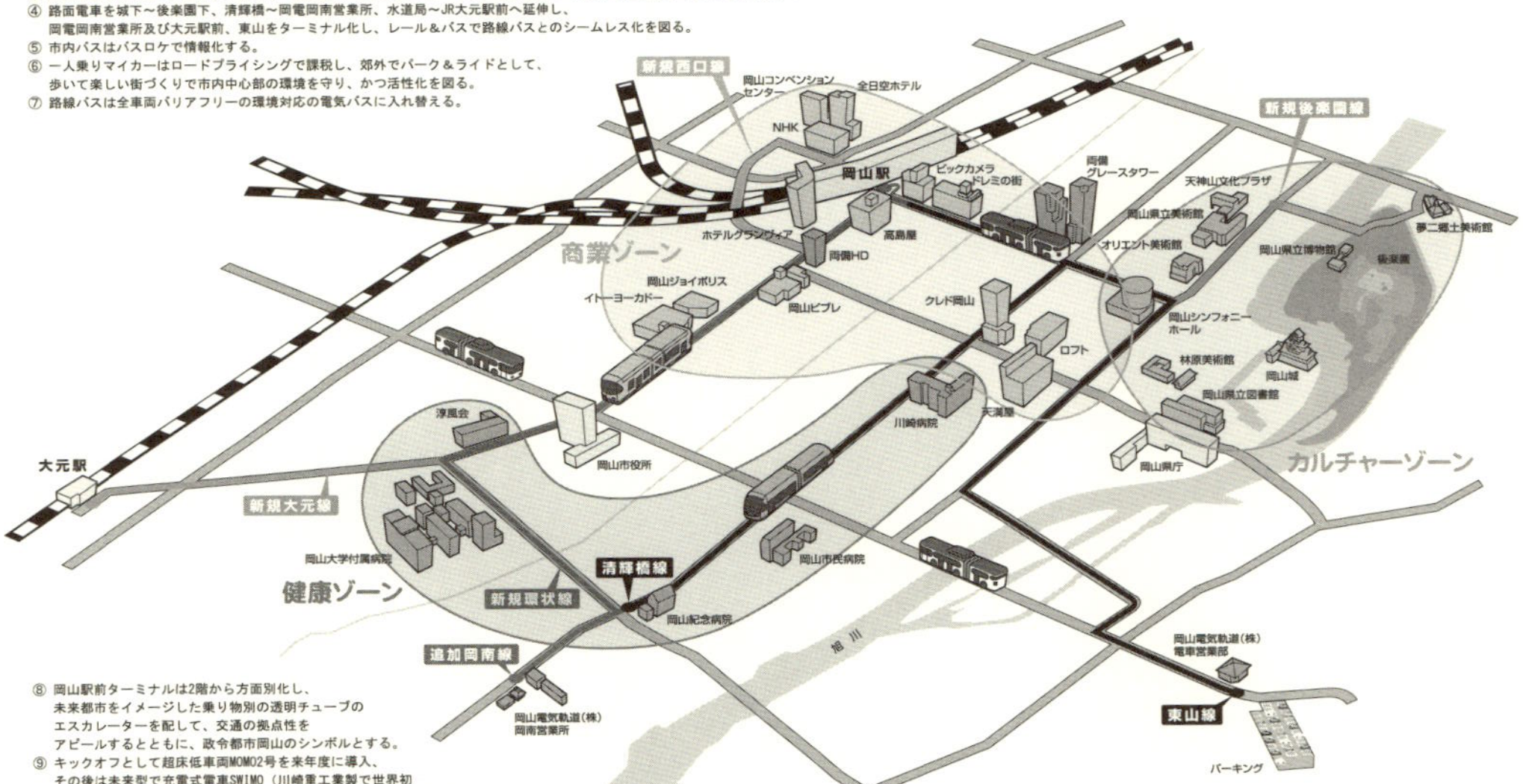

⑧ 岡山駅前ターミナルは2階から方面別化し、
未来都市をイメージした乗り物別の透明チューブの
エスカレーターを配して、交通の拠点性を
アピールするとともに、政令都市岡山のシンボルとする。
⑨ キックオフとして超床低車両MOMO2号を来年度に導入、
その後は未来型で充電式電車SWIMO（川崎重工業製で世界初
電池駆動式路面電車）を登場させて、「エコ公共交通政令都市おかやま号」
として、岡山市の広告塔とし、車内には市の広報やワンストップ利用などの
アイデアを盛り込んで、官民一体の都市づくりで、全国モデルを岡山市で実現する。
もちろん、延伸した路線は軌道だけを敷設し、充電式の電車で架線をつけない。
⑩ これらの施策で、世界一のエコで、バリアフリーで情報化された、エコ公共交通都市を
実現し、公共交通利用で健康で高齢者も自立できる生きがいのある都市づくりをする。

2. 施策効果
① 世界一のエコ公共交通都市が岡山市において実現できる。
② 高齢者の外出が増えることにより、老人性痴呆症を抑制し、健康で自立できる生きがいの
ある都市となる。
③ ＣＯ２排出量が抑制され、ＣＯ２排出量２５％削減の目玉となる。

図１　エコ公共交通大国おかやま構想の交通マップ

表1　LRTによる歩いて楽しいまちづくり

第1ステップ（1～2年内目標）
路面電車を岡山駅構内に乗り入れて、電車とバスによるわかりやすい方面別乗り場を実践する→4億円
第2ステップ（2～3年内目標）
路面電車を岡山駅～市役所～水道局前～岡大病院～清輝橋に延伸し環状化する（淳風会～岡大病院～川崎病院の間を「健康ゾーン」と呼ぶ）→50億円（車両6両含む）
第3ステップ（3～4年内目標）
路面電車を岡山駅西口に延伸し、奉還町～岡山駅～表町の各商店街の回遊性をはかる（将来はJR吉備線へ乗り入れを検討する）→10億円
第4ステップ（4～5年内目標）
路面電車を城下～後楽園下へ延伸し、カルチャーゾーン内の回遊性をはかる→11億円（車両2両含む）
第5ステップ（6～10年内目標）
路面電車を清輝橋～岡電岡南営業所（1億円、車両3両含む）、水道局～JR大元駅前へ延伸（39億円、複線、車両4両含む）する。岡電岡南営業所、大元駅前、東山をターミナル化（4,500万円）し、レール＆バスライドで路線バスのシームレス化をはかる
第6ステップ（2～7年内目標）
市内バスはバスロケで情報化するとともに、全車両バリアフリーの環境対応の新世代（電気、LNG）バスに入れ替える→1両3,000～4,000万円。IC化、PTPS、バスロケーションシステムの導入による情報システム化→9～10億円
第7ステップ（10年内目標）
将来、1人乗りのマイカーはロードプライシング等で市内乗り入れを制限し、バス・タクシー専用レーンを設けることで、郊外でパーク＆レール・バスライド（6カ所、9,000万円）を実施して中心部の環境を守り、かつ歩くことで、まちの賑わい等の活性化をはかる

④環状化されて一部架線レスの路線は、未来型の充電式電車（世界初のＳＷＩＭＯなど）を登場させて未来都市を「見える化」する↓現有車両を架線レス車両に入れ替え六〇億円

⑤岡山駅ターミナルは、二階から方面別化、乗り物別化する透明チューブのエスカレーターを配して、交通拠点としての未来都市を象徴するシンボルとする

⑥電力は太陽光発電などの自然エネルギーを中心にする↓五～六億円

施策の効果は、

①世界一のエコ公共交通都市を岡山市において実現します

②三つの商店街の回遊性を高め、買い回りを期待できる商圏人口になるように現状の六〇万人から、二倍以上の一四〇万人を目指して、都市の活力をつくりだします。少なくとも年間一〇〇〇億円以上の第三次産業のプラス効果を期待しています

③後楽園下への延伸で、ミシュランで三つ星を獲得した後楽園やカルチャーゾーンの魅力度をアップし、観光都市・岡山を具体化します。和歌山電鐵で培った観光の活性化を岡山市でも積極的に展開します

④公有民営により、高齢者無料化などの施策で高齢者の外出を促し、老人性認知症の発症を抑制し、健康で自立できる、生き甲斐のある都市を目指します

⑤二酸化炭素排出量二五％削減を目指し、国際公約を実現する国際都市を目指します

⑥このエコ公共交通大国構想のハードとソフトの全体のシステムは、輸出産業として、自動車産業を補完するものに育てていけます。開発途上国へも、先進諸国のマイカー社会の弊害を教訓に、環境輸出産業として貢献できます。すでに韓国、中国でも公共交通の輸出を官民一体で推進しています

岡山でもこの構想を発表すると、循環バスで十分だという意見がよく言われますが、電車とバスは、実は長所・短所が大きく異なるのです。インターネット上のフリー百科事典「ウィキペディア」にも路線バスの長所・短所として、次のような常識的な意見が載っています。

バスの長所：①設備投資が小さい、②バス停間が鉄道の駅間に比べて短い、③Uターンが容易。

バスの短所：①道路の渋滞に弱い、②渋滞の原因になる、③大量輸送が困難、④鉄道に対する高速化の限界、⑤環境問題（大気汚染や酸性雨・地球温暖化）、⑥交通事故。

公共交通の定時性の確保がバスにできないこと、何よりもお年寄りにとってはレールのある安心感がわかりやすさを演出し、かつ環境と都市景観において優れたツールとして、LRVが世界的に見直されているのです。実は、新設されたバスの市内循環線の多くは集客に苦しみ、大赤字なのです。

エコ公共交通大国構想は、沈滞した地方都市を、公共交通の活性化で、回遊性を高め活気を取

り戻し、市民の健康的生活をバックアップする具体的プランとして発表し、岡山市を一つの事例として提言したものです。三〇〇億円が高いか安いかですが、一〇〇年の計とすれば、年間三億円で未来都市が築けるのです。鉄道の良さは、イニシャルコストは高いのですが、五〇年、一〇〇年と使える交通ツールだということです。

現在の地域公共交通の対策は、なんとか現状維持をはかろうというもので、将来性のある政策が計画しづらく、財源もありません。一〇〇〇億円弱で地方の公共交通の現状維持はできるでしょうが、プラス二〇〇〇億円の一〇年プロジェクトで、未来都市化をはかることが、今後の国土の計画として必要でしょう。思いきって今後一〇年の国家プロジェクトを提案します。

公設民営のスキーム

エコ公共交通大国おかやま構想を発表し、多くの方々から激励や声援をいただきました。特に有識者の方々から、「二〇年もこの種の公共交通の変革の話があったが、具体的な話が一つもなくがっかりしていた。これは具体性があり、頑張ってほしい」という声が圧倒的に多かったのには感激しました。

もちろんご批判もありますが、想定したよりかなり少なく、意図的な批判がわずかだったのには、勇気づけられました。その少数の批判とは、「両備ばかりが旨いことになるのか」という、あまり実態を理解いただけていない発言が一つだけでした。

補助金は、事業会社の経営に直接投入され資産になるか、負債の穴埋めになるものですが、今回のスキームは新しい公有民営化であって、投入された資金は、公共投資であり、その資産は行政、すなわち市民のものなのです。ランニングコストへの資金援助でなく、社会基盤への投資なのです。

したがって今回、電車、バスへの一〇年間累計で三〇〇億円の公共投資は、資産的には行政財産であり、事業会社の懐に入るものではありません。

また、その公共投資を無償に近い形で使って利益を得るのではという意見は、運賃許可の仕組みをご存じないご発言で、自分の資産でないから費用は発生しないので、運賃に転化されず、すべて市民に安い運賃として返されると考える方が正しいのです。したがって、「隣に蔵は立たない」ので、腹立たしく思われることもないと思います。

ただ、公共交通の七〇～八〇％の企業が赤字なので、もともとほとんど減価償却費がたっていない償却済みの電車やバスが多く、直接運賃が安くはならないかもしれませんが、古くて、環境に悪い、バリアフリーでないバスや電車が快適になり、そのサービスは利用者である市民にすべて還元されることになるのです。

もちろん、運行会社は基本的に経営責任を持っており、補助金に頼る経営に対して、収入を増やし、コストを下げる本来の経営努力も必要となります。

このように公有民営は、「官の責任」と「民の責任」を分割して、それぞれが責任ある経営や運営を行うことができるスキームです。これは、津エアポートラインの新設や和歌山電鐵の再生で実証してあります。

簡単に言えば、公共インフラの道路は、税金でつくられていますが、それを走るバスは、利用を通じて市民に還元されているということです。

もうこのスキームを使ってしか、地域公共交通が次世代に通用するエコで、バリアフリーで、情報システム化され、ネットワーク化された交通手段として再生・変革する方法はないのです。

このままでは、ジリ貧になって、一部の儲かる路線しか残らないこととなり、気がついた時には、子供たちやお年寄りに移動する手段がなかったということになるのです。公共交通のない社会で、一生暮らせると思われますか？

地域経営の時代

後は、財源ですが、交通基本法と財源のセットが、現実味を持ってきているので、エコ公共交通大国構想の実証を岡山はじめ、日本各地の拠点的都市でする絶好のチャンスです。

かつて、岡山商工会議所の副会頭だった福武總一郎さんはじめ、会議所の皆さんから提案された「一キロメータースクエア構想」を、現実的に実行する努力を一〇年以上もしてきましたが、今度の交通基本法と財源の確保が見えてきて、やっと時がきたと思います。

日本中の地方都市は、どこの自治体も、財政再建のために四苦八苦で、具体的な夢を実現する財源問題で悩んでいます。しかし、地域経営の観点が忘れられているのではないかと思います。三〇〇億円なんて岡山市に投資できないと言われますが、この投資でどれだけ産業が活性化され、市民が健康になり、中心市街地の活性化になるか、経済的効用を考慮されていないからです。具体的にはどれだけ雇用が生まれ、税収が上がるか、健康な市民づくりで健康と福祉の社会的コストが軽減でき、市民に生きがいができるか等々の地域経営的観点が見失なわれているのです。

仮に一〇〇〇億円の商業収入が上がったとして、消費税五%と経常利益三%とすると、税収は消費税五%の五〇億円と経常利益の四〇%前後の一二億円、合計六二億円も増えます。三〇〇億円の社会投資を、仮に三〇年で償却したとすると、毎年一〇億円です。すると、六二億円－一〇億円＝五二億円の税収のアップとなり、社会的プラスです。もちろん、一五〇〇人以上の大きな雇用も創出します。これに市民の健康や、環境の良化や、情報化・ネットワーク化などの社会的プラスを勘案すれば、素晴らしい有効需要拡大と福祉増進の社会インフラなのです。ハコモノから交通インフラへの投資転換が必要なのです。

今の行政は、出ばかり考えず、入りをも増やす経営の観点が必要です。

私は多くの企業の再建をしてきました。よその再建も横目で見てきましたが、コストカットだけで進めた再建は、初めだけ黒字化しますが、どんどん売り上げが下がり、結果として再建は失敗に終わります。コストを下げたら、次は徹底的に売り上げを上げねば成功しないのです。行政も一緒です。出を制したら、今度は地域の付加価値が上がり、税収が増えるようにオペレーションしなくてはうまくいかない、すなわち、地域も経営の時代なのです。

地域公共交通の再生には、財源確保が必要です。延命のための後ろ向きの投資だけでなく、将来の日本が世界に誇れるような地域公共交通のスキームをつくらねばならないし、何ゆえ財源が国全体で一年間に二〇〇〇億円以上必要かの説明力と、その実証実験が要るのです。そのために、一〇年間で三〇〇億円の「エコ公共交通大国おかやま構想」を示しました。腰だめの数字ですが、岡山の経済規模が全国の一・五％弱だから、一年間で二〇〇〇億円以上の国家プロジェクトになると想定されます。

どうやって二〇〇〇〜三〇〇〇億円の財源を確保するかは、公共交通の営業権をマイカーに譲った社会的保障と考えるのが先進国では一般的でしょう。そうすると、日本では道路財源との協調が必要となり、道路特定財源の暫定税率二兆五〇〇〇億円を一般財源化し、環境目的に役立てる財源の一つとする時に、マイカーと公共交通が共生するインフラづくりとして、その一〇％の約二〇〇〇～三〇〇〇億円の財源を確保することが大事です。この提案の精神は、お蔭様で、マニフェストにも記載され、その後の交通基本法の閣議決定から国会審議へとつながってきています。地域の公共交通をどのようにして維持、発展させるかは、国民的課題で、各政党間でご理解いただけていると期待しています。

今が、地方で高齢者や子供たちが交通を保障され、安心して住めるようにするラストチャンスです。未来に「地域公共交通」という社会的ツールをバトンタッチしていきたいと思っています。

エコ公共交通大国ができるかどうかは、市民の熱意と、勇気ある行政と議会と、運行する我々交通事業者の努力が結実するか否かです。やるならチマチマと中途半端に実施せずに、思いきった施策を一番乗りで進めることが、地域の誇りとなり、財産になるのです。昨今の中国や韓国の投資姿勢と、日本の投資姿勢を比べると、なんて肝の小さな国や国民になってしまったのかと、将来を創れない日本が心配です。

教訓

公共交通事業の投資には地域経営の観点が必要。

第12章 日本の公共交通経営の未来

規制緩和後、多くの地方の鉄道やバスが倒れ、再生をされています。しかし、少子高齢化と地域力の減退で、根本的な利用者減少の流れが改善されていないので、再び倒産の懸念があります。現在は、一部路線の補助金による延命と路線のカットで、なんとか生きながらえているだけの状態です。したがって、現状の補助金中心の政策を進めても、不安定で力のない地域公共交通は、歯が抜けるように弱っていくだけでしょう。この五年から一〇年で、赤字の地域公共交通の大半が、再び厳しい経営状態となり、五〇%くらいの路線や会社は潰れるかもしれません。今まで、私の分析はほとんど当たっているのですが、この予測は外れてほしいと思います。

ここで抜本的な公共交通の改革が必要なのです。それには、交通基本法が成立することが最も重要です。将来の公共交通をどのようにしていくか、マイカー中心社会からどのような社会に転換させていくのか、国の方向性や政策を定めることが大事なのです。

日本には大きく言って「三つの日本」があるといえるでしょう。そして、「三つの公共交通のスキーム」があると思います。

①大都会の需要の多い地域での「民設民営」を中心にするスキーム

②需要が減少している地方都市は「公設民営」と「民設民営」とのミックスや「準公営化」を中心とするスキーム

③需要が見込めない過疎地域は社会保障的な「公設民託」のスキーム

公設民託とは私の造語で、行政が、交通手段のハードを整えて、運行費用を負担して、事業者が運行委託を受けるスキームです。コミュニティバスなどがそれに当たるといえます。

公設民営は、基本的に行政が交通手段のハードを整え、運行は事業者の自己責任において行うスキームです。前述の韓国での準公営化も一つの選択肢です。原則、事業者が赤字を出しても、その補填はありません。赤字が見込まれる路線の場合は、一定額を基本補助とし、その後は自己責任で経営する必要があります。これで、官の責任、民の責任がはっきりし、経営努力をするという企業意欲が湧いて、賢明な公共交通事業が育つでしょう。企業努力をして黒字になれば、その約半分は法人税となって収められるため、実質、官と民との利益の折半と同じ効果になるのです。簡単に言えば、企業は国や行政とのジョイントベンチャーなのです。

しかし、法律だけできても問題解決にはなりません。

交通基本法の成立にあたって、財源の確保が最重要になります。延命的な補助金政策で、崩れかかった地域公共交通を安楽死させてもまったく意味がないのです。交通を失った地域からは、若者を中心に住民の流出が止まらず、結果、交通過疎地域は滅びていくでしょう。大事なことは、国家としてどのような交通政策をして、国民が安心・安全な公共交通を確保し、地域に誇りを持って暮らせるようにするかです。二〇一一年の東日本大震災を経て、東京一極集中の国家戦略が変わってくると思います。全国的に豊かなことこそが、日本の宝であり、国家的セキュリティなのです。

交通基本法のもう一つの大事な課題が、公共交通の利用を拡大する政策をいかに盛り込むかです。地方は、大都会のように、公共交通だけで生活することが難しくなっていて、マイカーや自転車との共生もはからなくてはなりません。思いきって都市へのマイカーの乗り入れ制限をして、郊外に駐車場をつくり、パーク&ライド等でマイカーと公共交通を共生することが必要です。市民が歩くように都市を設計することが大事です。

地方の公共交通をどうするかの前に、どのような国、どのような社会、どのような地方をつくっていくか、その中で地方の公共交通をどのようにするかが論じられなくてはなりません。公共交通は民間が儲けでやっているのだから、取り締りで十分と思うことは危険です。公共交通を儲けるためだけの民間事業と思われるなら、公共交通という言葉はやめるべきです。

子供たちやお年寄りの方たちが安心して暮らせる国家こそが真の先進国なのです。和歌山で、たま駅長はじめ地域の皆さんの情熱が「地方鉄道の復活」という夢を実現してくれました。今度は「日本を世界一のエコ公共交通大国にする」という大きな目標に向かって活動していきたいと思います。

あとがき

二〇一一年、この一年が地域公共交通存亡の天下分け目の最重要時期と思い、各地からの講演依頼を積極的に受けて、実態の理解と解決法や交通基本法の成立がなぜ必要かを訴えました。なんと北海道から九州まで全国で講演会が約三〇件、どこの地域も熱き講演になり、九州では立ち見も出るほどで、いかに地域の皆さんや事業者、行政が困っておられるのか、解決法を熱望されているのかがヒシヒシと伝わってきました。

また両備ホールディングスのホームページで「交通基本法案が三月八日付、閣議決定されました。政局は混迷していますが、与野党の先生方も地方の苦境をおわかりなので、本法案は、政争の具にはならないと思います。良い流れですが、気を抜かずに頑張りましょう！　法案に財源がセットになってはじめて地域の公共交通が救われるのです！　延命型の公共交通政策から、夢のあるエコ公共交通大国に向けてのギアチェンジが必要です！」とお伝えし、必要なアクションとして各政党や行政に交通基本法の成立や地域公共交通の実情について陳情をお願いしたところ、全国から多くの共感をいただき、陳情や要望を各方面に寄せていただいて大変感謝しています。

瀕死の状態を延命している多くの地域公共交通事業者は、交通基本法が早く成立し、予算が確保されて、将来に夢と期待の持てる事業へ転換することを願っていると思います。しかし、安定した公共交通サービスに変革するには、公共交通をどのレベルで維持、発展させるかの国家のビジョンを示しておかなくてはなりません。交通計画を県や市町村がつくるにしても、そのモデルがハッキリしていなければ、つくることができません。

地方の路線バスは、大都市で使われた中古バスで、年金受給の運転手さんを安く雇っておればよいのか、それとも高齢化社会と環境に対応し、情報システム化された路線バスを義務づけるのかによってまったく計画が変わります。また、その財源をどうするのか、利用客数の増加に結びつかない社会的なサービスの負担をどうするかの問題があります。

鉄道での公有民営の考えを、旅客船事業や路線バスの限界事業者に適用していくのかなども課題です。また、行きすぎた規制緩和をそのままにしておくことは、ザルから水の漏るような事態になるでしょう。少なくとも利用者利便の確保のためには、輸送の秩序を維持しなければ、安定的な輸送サービスを供給することはできないでしょう。

多くの課題を、丁寧に一つ一つ、利用者目線と、将来を担う若者たちのための将来目線で解決し、真に世界に誇れる、夢の持てる「エコ公共交通大国」に進んでいく努力を、これからも皆さんとご一緒に続けていきたいと思います。

二〇一二年一月

小嶋光信

小嶋光信（こじま・みつのぶ）
1945年生まれ、東京都出身。慶應義塾大学経済学部卒業後、三井銀行勤務。1973年に義父が経営する両備運輸に常務として入社し、経営再建を指揮。以後、両備グループ各社の役員を兼務する。1999年両備グループ代表、2007年両備ホールディングス社長に就任し、現在両備ホールディングス代表取締役会長兼CEO。和歌山電鐵ほか公共交通7社の赤字路線の再生を含め交通運輸事業15社の再建を手がけ「地方公共交通の救世主」として知られる。

両備グループ
岡山県で列車、バス、タクシー、トラック、フェリーなど交通運輸業を中心に情報産業、生活関連産業など52社を展開。社員数約8,000人、売上高約1,300億円。

日本一のローカル線をつくる
たま駅長に学ぶ公共交通再生

2012年2月15日　初版第1刷発行
2022年2月20日　初版第7刷発行

著　者………小嶋光信
発行者………井口夏実
発行所………株式会社学芸出版社
京都市下京区木津屋橋通西洞院東入
電話 075－343－0811　〒600－8216
装　丁………上野かおる＋中瀬理恵（鷺草デザイン事務所）
印　刷………オスカーヤマト印刷
製　本………新生製本

ISBN 978－4－7615－1299－6